Sonja Eismann
Nina Lorkowski

FAIR FÜR ALLE!

Sonja Eismann
Nina Lorkowski

FAIR FÜR ALLE!

Warum **Nachhaltigkeit** mehr ist als nur »bio«

BELTZ
& Gelberg

Sonja Eismann lebt in Berlin, ist Mitherausgeberin des
Missy Magazine und arbeitet als freie Autorin. Sie war schon
als Kind mit ihren Eltern auf Anti-Atomkraft-Demos, hat
noch nie in ihrem Leben ein motorisiertes Fahrzeug besessen
und träumt schon lange von der autofreien Stadt. Sie reist am
liebsten mit dem Zug und ärgert sich, wenn Flüge billiger sind
als Zugtickets. Ihre siebenjährige Tochter weist sie jetzt schon
zurecht, wenn sie mal den Müll nicht richtig trennt.

Nina Lorkowski ist Technikhistorikerin und hat sich in ihrer
Forschung vor allem mit der Geschichte der Energienutzung
privater Haushalte beschäftigt. Zurzeit ist sie Wissenschaft-
liche Mitarbeiterin an der TU Berlin und diskutiert mit
Studierenden darüber, wie sich unsere Konsumgesellschaft im
Laufe des 20. Jahrhunderts verändert hat und welche Folgen
das für Mensch und Umwelt hatte. Dabei lernt sie selbst jede
Menge dazu, z. B. wie viele Rohstoffe eigentlich in einem
To-go-Becher stecken – und hat deshalb immer ihren
eigenen Thermobecher dabei.

MIX
Papier aus verantwor-
tungsvollen Quellen
FSC® C089473

Dieses Buch ist auch erhältlich als:
ISBN 978-3-407-74825-6 E-Book (EPUB)

© 2016 Beltz & Gelberg
in der Verlagsgruppe Beltz · Weinheim Basel
Werderstraße 10, 69469 Weinheim
Alle Rechte vorbehalten
Illustrationen: Rosa Linke
Lektorat: Carolin Eichenlaub
Umschlaggestaltung: Oliver Schmitt
Bildnachweis Covermotiv: AlexanderYershov/istockphoto.com

Herstellung: Sarah Veith
Satz: Renate Rist
Layout: Oliver Schmitt
Druck und Bindung: Beltz Bad Langensalza GmbH,
Bad Langensalza
Printed in Germany
1 2 3 4 5 20 19 18 17 16

Weitere Informationen zu unseren Autoren und Titeln
finden Sie unter: www.beltz.de

Liebe Leserin, lieber Leser,

gibt es eigentlich irgendein Produkt, das noch nicht mit dem Schlagwort »nachhaltig« beworben wurde? Nachhaltige Unterwäsche, nachhaltige Autos, nachhaltige Bildungsangebote – da kann man schnell den Überblick verlieren. Und vor allem den Glauben an die Sinnhaftigkeit dieses Begriffs. Denn wenn auf einmal alles angeblich fair, öko und klimaneutral sein soll, warum sich dann noch selbst den Kopf darüber zerbrechen, wie man nachhaltiger leben und den nachkommenden Generationen eine einigermaßen intakte Welt überlassen kann? Für dieses Buch wollten wir uns jedoch genau von diesem »Hype« um ein Wort nicht abschrecken lassen. Stattdessen haben wir uns vorgenommen, ein wenig tiefer zu graben und herauszufinden, wie die verschiedenen Faktoren, die Nachhaltigkeit nach den meisten Definitionen ausmachen, miteinander in Beziehung stehen und wie sie sich in den verschiedensten Lebensbereichen konkret auswirken. Es ging uns dabei gerade nicht darum, unseren Leserinnen und Lesern vorzuschreiben, wie sie denn nun ganz »korrekt« leben sollen. Vielmehr wollten wir Zusammenhänge so darstellen, dass sich alle selbst ein Bild machen können. Dabei sind uns ziemlich viele erschreckende Fakten untergekommen und Dinge deutlich bewusst geworden, die wir sonst gern verdrängen. Andererseits haben wir aber auch mit tollen Leuten gesprochen, die uns angespornt haben, weiterhin kritisch zu bleiben – und trotzdem hoffnungsvoll.

Wir wünschen Euch viel Spaß beim Lesen,
Sonja und Nina

INHALT

WAS IST >>NACHHALTIGKEIT?<<
EINE KLEINE BEGRIFFSGESCHICHTE

Hans Carl von Carlowitz war Vize-Berghauptmann im sächsischen Freiberg, wo man viel Holz für den Grubenausbau und als Brennmaterial für die Schmelzöfen benötigte. Als der Wald nicht mehr schnell genug nachwuchs und die »Holznot« ausgerufen wurde, veröffentlichte Carlowitz im Jahr 1713 seine Abhandlung »Sylvicultura oeconomica«. Hier wurde zum ersten Mal das Prinzip von Nachhaltigkeit als Grundsatz für den Umgang mit einer knappen Ressource formuliert. Es sollte nur so viel Holz geschlagen werden, wie nachwächst, um auch zukünftigen Generationen die Nutzung dieser Ressource möglich zu machen.

Heute wird Carlowitz' Abhandlung als die erste grundlegende Definition von Nachhaltigkeit bezeichnet. Erst 1972 wurde der Begriff in einer Studie des Club of Rome wiederentdeckt und um eine globale Dimension erweitert: Wir haben nur diese eine Erde und wenn unsere stetig wachsende Weltbevölkerung so weitermacht wie bisher, droht der Kollaps. Eine neue Debatte über Umweltprobleme wurde entfacht und es wuchs ein Bewusstsein dafür, dass Eingriffe in die Umwelt nicht vor lokalen Grenzen haltmachen: dass z. B. Giftstoffe auf unseren Feldern von Vögeln in andere Erdteile getragen werden und die Abholzung des Regenwaldes unser Klima beeinflusst. Es wurde klar, dass die Auswirkungen von Rohstoffnutzung und Schadstoffemissionen verantwortlich für Hunger, Armut oder mangelhafte hygienische Bedingungen in den sogenannten Entwicklungsländern sind. In der Studie des Club of Rome wurde deutlich formuliert, dass es die Industriestaaten sind, also etwa 20 % der Weltbevölkerung, die maßgeblich diese Probleme auf den restlichen Erdteilen zu verantworten haben. Im 1997 verabschiedeten Kyoto-Protokoll wurde von den Vereinten Nationen das Ziel festgelegt, die Emission von Treibhausgasen so weit zu reduzieren, dass ein menschengemachter Klimawandel verhindert werden könne. Im Jahr 2000 legten die Vereinten Nationen Millenniumsziele vor, bei denen Armutsbekämpfung, Zugang aller Kinder zu Bildungseinrichtungen, Gleichstellung von Mann und Frau, Prävention von Krankheiten, Schuldenabbau, Entwicklungshilfe sowie Umweltschutzmaßnahmen zum Erhalt der Lebensgrundlagen der Menschen im Zentrum standen. 2015 wurden diese Ziele in der Agenda 2030 noch einmal aufgegriffen und erweitert. Auch wenn die tatsächliche Umsetzung dieser Ziele bisher eher bescheiden ist, so haben die internationalen Konferenzen den Begriff Nachhaltigkeit auf entscheidende Weise geprägt: Ökologische, soziale und ökonomische Aspekte müssen stets gemeinsam und mit gleichem Stellenwert berücksichtigt werden.

Unter diesen drei Aspekten lassen sich auch die Themen Energie, Müll, Nahrung, Kleidung, Mobilität, Wohnen und Migration betrachten: Unter welchen Voraussetzungen wird auch in Zukunft unser stetig wachsender Energiebedarf gedeckt werden können? Welche Auswirkungen haben unser Konsumverhalten und unsere ressourcenintensive Lebensweise global gesehen? Wie tragen wir dazu bei, dass Menschen in entfernten Ländern ihre Heimat verlassen müssen? In den einzelnen Kapiteln wird deutlich, dass unser Handeln in weltweiten Zusammenhängen steht und Folgen für Mensch und Umwelt hat. Um auch die Zusammenhänge zwischen diesen Themen zu verdeutlichen, befinden sich in jedem Kapitel Icons, die auf ein jeweils anderes Kapitel verweisen:

Energie   Müll   Nahrung   Kleidung   Mobilität   Wohnen   Migration

Am Ende stellt sich heraus, dass jeder von uns im Sinne von Nachhaltigkeit etwas tun kann, sei es beim bewussten Einkauf, auf dem täglichen Weg zu Schule und Arbeit oder indem wir an den richtigen Stellen mitreden und uns einbringen.

ENERGIE

Kapitel 1

> Energiehunger und Klimawandel
> Energiewende und soziale
  Gerechtigkeit
> Atomstrom
> mit neuen Technologien
  in die Zukunft

CO_2

KLIMAWANDEL UND ERSCHÖPFTE RESSOURCEN
DIE ENERGIEWENDE STEHT AN

Beleuchtung, Transport, Güterproduktion – moderne Gesellschaften verbrauchen jede Menge Energie. Verbrauchen? Besagt nicht der Erste Hauptsatz der Thermodynamik, dass Energie nur umgewandelt, aber nicht verbraucht werden kann?

Das stimmt zwar, dennoch können wir von Energieverbrauch sprechen. Denn jede Umwandlung von Energie, z. B. die Verbrennung von Kohle zur Stromerzeugung und die Umwandlung der elektrischen Energie zum Antrieb eines Motors, ist jedes Mal mit Energieverlusten verbunden. Diese Energie verschwindet nicht, verpufft aber als nicht nutzbare Wärmeenergie.

Vor allem die Freisetzung von Treibhausgasen (insbesondere Kohlendioxid, aber auch Methan, Lachgas oder FCKW) stellt dabei ein großes Problem dar. Durch die erhöhte Konzentration von Treibhausgasen kann die Atmosphäre viel mehr Sonnenenergie aufnehmen, das heißt, sie heizt sich auf, genauso wie ein Gewächshaus – deshalb wird dieses Phänomen auch »Treibhauseffekt« genannt. Durch den Einfluss der Menschen hat sich dieser Treibhauseffekt so sehr verstärkt, dass sich das Klima verändert. Die globale Durchschnittstemperatur hat sich in Bodennähe mittlerweile um 0,74 °C erhöht und es wird ein rapider Anstieg in den nächsten 100 Jahren erwartet.

Diese Erwärmung des Klimas hätte katastrophale Folgen: Durch den Anstieg der Meeresspiegel würden Menschen ihre Heimat verlieren, infolge von Dürreperioden oder heftigem Niederschlag würden landwirtschaftliche Erträge vernichtet werden – um nur einige Beispiel zu nennen. Regionen, die für diese Veränderungen nicht die Hauptverantwortung tragen, wären am schlimmsten betroffen.

Die »Energiewende« soll diesen Prozess aufhalten. Gemeint ist damit der Übergang von einem Energiesystem, das auf fossilen Energieträgern wie Kohle, Öl und Gas basiert, hin zu einer Energieversorgung durch erneuerbare Energien wie Wind, Sonne oder Biomasse. Mit der Umsetzung der Energiewende kommen große Herausforderungen auf uns zu. Zum einen technische, z. B. muss das Stromnetz stabil bleiben, auch wenn Wind und Sonne nur unregelmäßig verfügbar sind. Zum anderen ökologische Probleme, wenn beispielsweise Landschaften in riesige Felder zur Anpflanzung von Biomasse umgewandelt werden. Auch wirtschaftliche und soziale Faktoren spielen eine Rolle: Die Energiewende schafft nicht nur neue Arbeitsplätze, sie bedeutet für einige auch den Jobverlust.

Doch die Tatsache, dass das nicht die erste Energiewende in der Geschichte ist, die gemeistert werden muss, sollte uns optimistisch stimmen. Die gesamte Menschheitsgeschichte ließe sich als Geschichte der Energienutzung und Energietransformationen beschreiben. Angefangen bei der Biomasse, also der Abholzung von Wäldern, um Holz als Brennmaterial nutzen zu können, und der Landwirtschaft, um Zugtiere zu ernähren und zu züchten. Mit der Kohle standen neue Energiereserven bereit und sie bedeutete einen großen Sprung in das industrielle Zeitalter. Dampfmaschine, Eisenbahn, Stromversorgung – diese Technologien prägen unser Leben bis heute. Es ist eine Geschichte des intensiven Ressourcenverbrauchs und der Erzeugung von Emissionen. Seit Beginn der Industrialisierung bis heute erhöhte sich der Kohlendioxidgehalt in der Atmosphäre von 280 auf 377 ppmv (Millionstel Volumenanteile). Es besteht deshalb heute kein Zweifel daran, dass der Klimawandel durch den Menschen beeinflusst wurde.

Bisher basiert der weltweit wachsende Energiehunger noch auf fossilen Ressourcen wie Kohle, Öl und Erdgas. Diese Energiequellen sind nicht nur ungleich auf der Erde verteilt, sie gehen auch zur Neige. Deshalb und um das Klima zu schützen, muss die Energieversorgung umgestellt werden.

Zukünftig sollen Sonne, Wind oder nachwachsende Biomasse Energie produzieren. Länder wie Dänemark, Deutschland und Schweden haben hier schon viel erreicht. In Deutschland beträgt der Anteil der erneuerbaren Energien bei der Stromerzeugung zurzeit etwa 30 %. 14 % werden von Kernkraftwerken erzeugt, 24 % stammen aus Braunkohlewerken, 18,2 % werden aus Steinkohle gewonnen. Diese Entwicklung ist grundsätzlich positiv zu bewerten, reicht jedoch nicht aus, um die für Deutschland verabschiedeten Klimaschutzziele zu erreichen. Das ist nur möglich durch eine Reduzierung des Energieverbrauchs.

Bis in die 1990er-Jahre hinein ging man davon aus, dass wirtschaftliches Wachstum und Energieverbrauch zwei sich gegenseitig bedingende Entwicklungen darstellen. Weil gesellschaftlicher Wohlstand mit hohem Energieverbrauch gleichgesetzt wurde, waren die Bemühungen der Industrieländer entsprechend gering, ihren Verbrauch zu reduzieren. Mittlerweile hat ein Umdenken stattgefunden. Wir wissen, dass wirtschaftliches Wachstum auch möglich ist, wenn der Energieverbrauch sinkt, dank neuer effizienter Technologien und des Bemühens, den Rohstoffverbrauch so weit wie möglich zu reduzieren.

STROMWIRTSCHAFT VS. BÜRGERINTERESSEN
DIE ENERGIEWENDE IM SPANNUNGSFELD

Frau Meyer, wie sähe Ihrer Meinung nach eine nachhaltigere Energieversorgung aus?

Interview mit
Ann-Morla Meyer,
Bürgerenergie Berlin

Wenn wir von der Zukunft der Energieversorgung sprechen, betrifft das eigentlich drei Bereiche: Zum einen gehört dazu die Frage, mit welchen Technologien die Energie, die wir brauchen, erzeugt wird. Zum anderen betrifft das aber auch die Netzwerke der Energieverteilung und schließlich auch die Frage danach, wie diese Technik organisiert und verwaltet wird.

Fangen wir mal mit der Energieerzeugung an …

Zurzeit basiert unsere Energieversorgung größtenteils noch auf fossilen Energieträgern, also Kohle, Kernenergie, Erdöl oder Erdgas. Nachhaltiger sind regenerative Energien, also diejenigen Energieformen, die sich nicht erschöpfen, das heißt, die entweder z. B. durch die Umwandlung von Windkraft oder Sonnenstrahlen verfügbar sind oder auf nachwachsenden Rohstoffen basieren, wie das bei einer Biogasanlage der Fall ist. Der Anteil erneuerbarer Energien an der Energieversorgung in Deutschland beträgt zurzeit 30 % – und diesen Anteil gilt es weiter auszubauen.

Darauf haben die Verbraucherinnen und Verbraucher ja selbst großen Einfluss, indem sie sich bei der Wahl des Stromanbieters für Ökostrom entscheiden, oder?

Auf jeden Fall! Aber man sollte beachten, dass unter den

ENERGIE

vielen Anbietern nur einige wenige sind, die das Geld meiner Stromrechnung auch wirklich in den Ausbau erneuerbarer Energien stecken.

Nur mit dem Kauf von Ökostrom ist es leider noch nicht getan. Es ist unrealistisch, anzunehmen, dass wir die große Menge Energie, die wir heute verbrauchen, in wirtschaftlicher Weise allein mit regenerativen Energien decken können. Deshalb müssen wir das Augenmerk auch auf die Reduzierung des Energieverbrauchs legen – und die erreichen wir nicht allein, indem wir Geräte effizienter gestalten, sondern wir müssen lernen, mit Energie sparsamer umzugehen.

Und was muss sich in Bezug auf die Verteilungsnetzwerke ändern?

Historisch betrachtet ist die Phase, in der die Energieversorgung der Menschen auf fossilen Energieträgern basierte, ziemlich kurz: Sie beginnt mit der Industrialisierung im 19. Jahrhundert und der Durchsetzung von Kohle als Energieträger. Logisch, dass sich die Menschen damals dort ansiedelten, wo diese neue Energie auch verfügbar war. Auf diese Weise entstanden urbane Ballungszentren. Mit dem Beginn eines neuen Energiezeitalters, das auf regenerativen Energiequellen basiert, verändern sich die Standorte der Energieerzeugung. Deshalb brauchen wir ein Netz, das die Energie gerecht verteilt und dahin transportiert, wo die Leute wohnen, die sie brauchen. Also z. B. von den großen Offshorewindparks nach Bayern, wo nicht so viel Strom durch Wind erzeugt werden kann. Dafür brauchen wir große Stromtrassen mit leistungsstarken Verteilernetzen.

***Aber die bedeuten doch einen massiven ökologischen Eingriff!
Ist das die einzige Möglichkeit?***

Ja, das ist tatsächlich ein Problem, für das noch eine Lösung gefunden werden muss – aber bei der Erneuerung des Energieversorgungssystems gibt es nicht nur den Trend der Vergrößerung und des überregionalen oder sogar internationalen Ausbaus der Versorgungsnetzwerke, sondern gleichzeitig finden auch Prozesse statt, bei denen alles lokaler wird. Durch die Digitalisierung wird eine stärkere Direktvermarktung von Strom möglich. Ich wäre dann nicht einfach Kundin oder Kunde eines großen Stromanbieters, sondern nutze zunächst die lokal verfügbare Energie, z. B. die, die meine Nachbarn mit ihrer Solaranlage ins Netz gespeist haben.

Das heißt, die großen Energiekonzerne werden überflüssig?

Es gibt in der Tat einen Konflikt zwischen den Interessen eines großen Energieversorgungsunternehmens und dem Ziel einer nachhaltigen Energieversorgung. Ein großer Konzern will zunächst einmal Geld verdienen und Gewinne erwirtschaften. Umweltauflagen wird ein solches Unternehmen nur nachkommen, wenn es sich wirtschaftlich für das Unternehmen rechnet oder wenn es vonseiten der Politik dazu gezwungen wird.

Aus diesem Grund ist es in Hinblick auf die Nachhaltigkeit der Energieversorgung auch wichtig, die Organisation und Verwaltung des Netzwerks zu beachten.

Was meinen Sie genau damit?

Hierbei geht es um die Festlegung von Eigentumsverhältnissen bzw. wer über Veränderungen entscheidet und wer in welcher Weise davon profitiert. Gesetzgebungen spielen dabei eine entscheidende Rolle, wie zum Beispiel das Erneuerbare-Energien-Gesetz (EEG), das 2014 verabschiedet wurde.

Worum geht es bei diesem Gesetz?

Die Umstellung auf erneuerbare Energien kostet Geld. Dieses Geld wird auf alle Verbraucherinnen und Verbraucher umgelegt, unabhängig davon, ob man viel oder wenig verdient. Für eine Familie, die von Sozialleistungen lebt, ist die dadurch entstehende Verteuerung der Energiekosten eine Menge Geld, für Besserverdienende fällt die EEG-Umlage dagegen weniger ins Gewicht. Gleichzeitig fördert die Bundesregierung über das EEG auch Investitionen in erneuerbare Energien, indem sie allen Leuten, die Strom aus erneuerbaren Energien ins Netz speisen, einen Vergütungssatz von 8 Cent pro Kilowattstunde zahlt. Das heißt, alle Menschen, die sich eine Solaranlage aufs Dach bauen oder ein Windrad auf ihrem Grundstück errichten lassen, profitieren auch gleichzeitig finanziell von der Energiewende.

Das bedeutet doch, dass zwar alle die gleiche EEG-Umlage zahlen, aber eigentlich nur Leute, die ein eigenes Haus haben oder ein großes Privatgrundstück sowie Kapitalvermögen, um z. B. eine Solaranlage zu bauen, auch die Möglichkeit haben, finanziell von der Energiewende zu profitieren.

Ganz genau! Gerade für einkommensschwache Haushalte wird die Energiewende auf diese Weise teuer, während andere damit Geld verdienen können. Ein Nachteil des EEG ist auch, dass die Bürgerinnen und Bürger für die Mehrkosten aufkommen, doch umgekehrt im Fall von Überproduktion sinkende Preise nicht an die Bürgerinnen und Bürger weitergereicht werden. Sie sehen also, bei der Neuausrichtung der Energieversorgung geht es nicht nur um ökologische, sondern auch soziale und ökonomische Nachhaltigkeit!

Was macht eine Genossenschaft wie die Berliner Bürgerenergie, in der Sie ja aktives Mitglied sind, anders?

Die Idee der Berliner Bürgerenergie entstand eigentlich aus dem Ziel heraus, das Berliner Stromnetz zu kaufen und dieses genossenschaftlich zu reorganisieren. Die Möglichkeit

bestand, weil die Konzession für das
Netz auslief. In dieser Hinsicht sind
die Verhandlungen mit dem Senat der
Stadt Berlin zurzeit aber leider wenig
erfolgversprechend.

Eine Genossenschaft ist eine besondere Form der Unternehmensführung. Jede Person kann Mitglied werden und alle Mitglieder treffen Entscheidungen gemeinsam. Auch mit einem kleinen Beitrag kann man Mitglied werden. Das Wichtigste ist, dass alle mit anpacken und sich einbringen. In der lokalen Anbindung liegt ein wichtiger Vorteil einer Genossenschaft. Weil die Leute einen konkreten Bezug dazu haben, sind sie eher bereit, sich auf Veränderungen einzulassen, gleichzeitig werden Projekte gefördert, die vor der eigenen Haustür umsetzbar sind. Es geht nicht darum, Geld zu verdienen, sondern darum, die eigene Lebenssituation zu verbessern und die der Kinder und Enkelkinder.

Was wäre das zum Beispiel?

Wir verfolgen beispielsweise die Idee eines Metastromprojekts, bei dem Solaranlagen auf den Dächern von Mietshaussiedlungen installiert werden. Auf diese Weise können sich auch Menschen, die kein eigenes Hausdach haben, an der Energiewende beteiligen.

Sehen Sie in solch bürgernahen Pilotprojekten einen Trend für die Zukunft?

Das ist schwer zu sagen. In den letzten 15 Jahren konnten sich nachhaltige Energieprojekte aus Bürgerhand gut entwickeln. Nun gibt es ein neues Gesetz, das es kleinen Projekten schwer macht. Die Bundesregierung hat seit 2016 eine Ausschreibungspflicht für Projekte im Bereich erneuerbarer Energien festgelegt. Eine Bürgerinitiative kann jetzt nicht mehr einfach ein Projekt, z. B. eine Fotovoltaikanlage auf einer Brachfläche, für ein bestimmtes Gebiet vorschlagen, sondern die Planungsstelle der Gemeinde macht eine offizielle Ausschreibung für das Projekt. Dann gibt es einen Wettbewerb darüber, wer ein Projekt umsetzen darf. Da hier eine genossenschaftliche Initiative mit großen Unternehmen konkurrieren muss, verringern sich deren Einflussmöglichkeiten.
Es ist deshalb wichtig, auch bei der Gesetzgebung darauf zu achten, dass Initiativen, die bisher eine positive Entwicklung gefördert haben, weiter aktiv sein können!

Ann-Morla Meyer hat erneuerbare Energien und Technikgeschichte an der TU Berlin studiert, arbeitet am Deutschen Institut für Normung (DIN) und ist aktives Mitglied in der Berliner Energiegenossenschaft »Bürgerenergie«.

VOM ELEKTRISCHEN ZIGARREN- ANZÜNDER ZUM TABLET
STROMVERBRAUCH GESTERN, HEUTE UND MORGEN

Ohne Strom geht gar nichts: Wir hätten kein Toastbrot, kein Smartphone und auch kein warmes Wasser – denn selbst die Gastherme braucht ein bisschen Strom – und wir hätten natürlich auch kein Licht. Strom ist im Verlauf des 20. Jahrhunderts ein selbstverständlicher Bestandteil unseres Alltags geworden. Angefangen hat alles zu Beginn des letzten Jahrhunderts mit der elektrischen Glühbirne, die sauberer und sicherer war als das Gaslicht.

Bereits um 1900 gab es kleine elektrische Geräte, wie z. B. elektrische Zigarrenanzünder, Eierkocher oder Ventilatoren. Diese wurden genutzt von Leuten, die es sich leisten konnten und die zeigen wollten, wie modern und fortschrittlich sie sind. Es handelte sich dabei um Statussymbole, vergleichbar mit den heutigen Smartphones oder Tablets. Vielerorts arbeiteten Städte und Elektrizitätswerke eng zusammen, sodass in den 1920er-Jahren große städtische Versorgungsnetzwerke entstanden. Der Alltag der Menschen wurde nach und nach immer weiter elektrifiziert: Strom trieb die Maschinen in den Fabriken an, die Arbeiterinnen und Arbeiter fuhren mit der elektrischen Straßenbahn zu den Betrieben, und auch zu Hause kamen immer mehr Leute in den Genuss einer elektrischen Beleuchtungsanlage. Der »Stromhunger« wuchs. Um ihn zu decken, wurden an den Stadträndern große Kohlekraftwerke gebaut und die Leitungsnetze ausgebaut.

FRÜHER
HEUTE

Eine Besonderheit
der Elektrizität gegen-
über allen anderen Ener-
gieformen ist: Sie lässt sich
nicht speichern. Die Strom-
nachfrage war aber nicht konstant, sie schnellte vormittags in die
Höhe, wenn beispielsweise die Indus-
triebetriebe ihre Arbeit aufnahmen,
und sank nachts. Mit steigendem Stromverbrauch wurden diese
Unterschiede zwischen Verbrauchsspitzen und Lasttälern eine
zunehmende Herausforderung – und sind es bis heute, denn sie
sind unwirtschaftlich und tragen zum frühzeitigen Verschleiß
der Anlagen bei. Die Elektrizitätswerke haben deshalb Ende
der 1920er-Jahre versucht, über Tarife die Stromverbrauchszei-
ten zu regulieren, und sie machten insbesondere Werbung für
Haushaltsgeräte, die z. B. dann genutzt werden sollten, wenn
viel überschüssiger Strom im Netz verfügbar war. Die Verbraucherinnen und Verbraucher nahmen dieses Angebot gern an.
Sie profitierten von den günstigeren Tarifen, denn Strom war
damals noch ziemlich teuer. Alle wollten elektrische Geräte, und
vor allem Hausfrauen versprachen sich von den elektrischen
Helfern Erleichterung für die mühsame Hausarbeit. Denkt

man beispielsweise an die anstrengende Wäschepflege, bevor es elektrische Waschmaschinen und Bügeleisen gab, wird das verständlich – allerdings konnten sich nur wenige Haushalte solche Geräte leisten.

In den 1950er-Jahren, einige Jahre nach dem Zweiten Weltkrieg, erlebte Deutschland einen enormen wirtschaftlichen Aufschwung. Neue Produktionsweisen führten dazu, dass Konsumgüter massenhaft und günstig hergestellt wurden. Es gab viele Arbeitsplätze und die Menschen konnten sich die Konsumprodukte leisten. Der materielle Wohlstand stieg wie nie zuvor. Das führte nicht nur zu zahlreichen elektrischen Geräten, die jetzt in die Haushalte einzogen – das zeigte sich auch am Energieverbrauch. Heute entfällt rund ein Drittel des Gesamtstromverbrauchs auf die privaten Haushalte.

Den größten Teil der Energie, die wir im Haushalt nutzen, etwa 80 %, brauchen wir zum Heizen. Den Rest verbraucht der sich jährlich vergrößernde häusliche Maschinenpark aus Spülmaschine, Fernseher oder elektrischer Zahnbürste. Bis weit in die 1970er-Jahre hinein lebte es sich auch sehr gut so. Energie war billig und sie schien grenzenlos verfügbar. Seit ökologischen Krisen wie saurem Regen oder Waldsterben und spätestens seit dem Reaktorunglück von Tschernobyl waren es nicht mehr nur ein paar Naturschützer, die feststellten, dass Strom nicht einfach nur aus der Steckdose kommt, sondern Stromerzeugung in Kraftwerken massive ökologische Folgen hat. Es wurde deutlich, dass Energie eine knappe Ressource ist, mit der sorgsam umgegangen werden muss. Doch obwohl sich die Energieeffizienz zahlreicher Haushaltsgeräte bis heute von Jahr zu Jahr verbessert, stagniert der Energieverbrauch privater Haushalte oder steigt sogar immer noch leicht an. Der Grund dafür liegt vor allem darin, dass im Bereich Unterhaltung und Kommunikation inzwischen zahlreiche neue und energieintensive Geräte in die Haushalte eingezogen sind. Die von der Bundesregierung eingeführte Kennzeichnungspflicht für Haushaltsgeräte, mit deren Hilfe Verbraucherinnen und Verbraucher erkennen sollen, ob ein Gerät viel oder wenig Strom verbraucht, gilt zwar für Waschmaschinen oder Kühlschränke, nicht aber für die viel genutzten Mobiltelefone, Fernseher oder Computer. Das macht es Verbraucherinnen und Verbrauchern nicht leicht, einzuschätzen, wie viel Strom diese Geräte tatsächlich verbrauchen. Wer es aber genau wissen will, kann sich bei der Verbraucherzentrale oder bei Energieversorgungsunternehmen Messgeräte ausleihen.

Seit einiger Zeit ist eine neue Möglichkeit, den Stromverbrauch in Privathaushalten zu senken, in der Diskussion – und eigentlich ist diese Möglichkeit gar nicht so neu: Genauso, wie die Elektrizitätswerke in den 1920er-Jahren ihre Kunden durch Tarife und Werbung für spezielle Geräte dazu bringen wollten, Strom nur zu bestimmten Zeiten zu nutzen, wollen auch jetzt Energieversorgungsunternehmen regulieren, wann die Kundinnen und Kunden bestimmte Geräte nutzen und wann nicht. Das ist heute umso wichtiger, denn durch die Umstellung auf regenerative Energien, ist zu manchen Tageszeiten, wenn der Wind weht und die Sonne scheint, sehr viel Energie verfügbar und zu manchen Tageszeiten nur sehr wenig. Für eine Umstellung auf regenerative Energien ist es wichtiger denn je, Angebot und Nachfrage besser aufeinander abzustimmen. Um den Stromverbrauch der Privathaushalte zu regulieren, können Energieversorgungsunternehmen heute auf moderne Netzwerkkommunikationstechnologien zurückgreifen, auf sogenannte »Smart Grids«. Ein solches intelligentes Stromnetz soll so funktionieren: Jeder Haushalt hat einen intelligenten Stromzähler, einen »Smart Meter«. Dieser empfängt Informationen darüber, wie viel Energie gerade im Netz verfügbar ist, gibt diese Informationen an die angeschlossenen Haushaltgeräte weiter, z. B. die Waschmaschine oder die Spülmaschine, und schaltet die Geräte ein. Verbraucherinnen und Verbraucher profitieren davon, dass zu Zeiten des Energieüberschusses, also wenn z. B. gerade die Sonne scheint, Energie besonders preiswert ist. Befürworter sagen außerdem, dass »Smart Grids« den Verbraucherinnen und Verbrauchern helfen, Strom zu sparen, weil sie dadurch einen besseren Überblick über ihren Stromverbrauch haben. Sie können z. B. ganz einfach auf ihrem Smartphone sehen, dass der riesige LED-Fernseher im Stand-by-Modus sehr viel Strom verbraucht, oder sie stellen fest, dass der alte Kühlschrank ziemlich viel Saft aus dem Netz zieht – Details, die bei der jährlichen Stromabrechnung leicht aus dem Blick geraten können.

Einige sind skeptisch, ob Verbraucherinnen und Verbraucher tatsächlich bereit sein werden, ihr Verhalten zu ändern und das Netz entscheiden zu lassen, wann der Heißwasserbereiter anheizt und die Waschmaschine loslegt. Vor fast 100 Jahren, als Elektrizität noch ganz neu war, hätte so etwas vielleicht noch funktioniert, aber heute, wo wir es gewohnt sind, dass Elektrizität jederzeit verfügbar ist? Andere räumen ein, dass der Zusammenschluss aller Geräte zu einem Internet der Dinge für sich genommen auch Strom verbrauche und das Einsparpotenzial dadurch fraglich sei.

Datenschützer warnen davor, dass sich anhand der durch den intelligenten Stromzähler gesammelten Daten ablesen lässt, wann jemand zu Hause ist, welche Essgewohnheiten jemand hat oder wie alt bestimmte Geräte sind. Wie lässt sich verhindern, dass solche sensiblen und für bestimmte Stellen sehr wertvolle Daten nicht an Dritte weitergegeben werden? Zusätzlich birgt die Digitalisierung des Stromnetzes die Gefahr von Hackerangriffen.

An der Diskussion um die Digitalisierung des Stromnetzes lässt sich ablesen, dass sich in naher Zukunft etwas verändern wird. »Smart Metering« ist eine innovative Technologie, die uns bei der Umstellung auf regenerative Energien helfen kann. Doch an der wichtigsten Stellschraube müssen wir selbst drehen: Der Stromverbrauch darf nicht weiter steigen, sondern muss sinken und dazu müssen wir an unserem eigenen Verhalten etwas ändern. Unsere Gesellschaft hat etwa 40 bis 50 Jahre in dem Glauben gelebt, dass Strom einfach aus der Steckdose kommt. Das ändert sich jetzt. Technologien wie »Smart Metering« können uns dabei helfen, uns selbst zu sensibilisieren und wieder bewusster mit Energie umzugehen.

ENERGIE

ATOMSTROM
UND DAS ERBE FÜR
NACHFOLGENDE GENERATIONEN

Der erste Kernreaktor, der in Deutschland in Betrieb genommen wurde, war der Forschungsreaktor der TU München in Garching. Beim Richtfest am 12. Januar 1957 wurden den Gästen »Kühlwasser« und »Uranstäbe« serviert. Tatsächlich handelte es sich dabei um Bier und Weißwürste – die scherzhafte Bezeichnung zeugt von der damaligen Unbekümmertheit gegenüber der Atomenergie.

Solange Atomkraft lediglich für zivile Zwecke genutzt würde, schien die Energiegewinnung durch Kernspaltung eine Lösung auf alle Fragen der Zukunft der Energieversorgung zu sein. Aufgrund der hohen Energiedichte schien Uran als Rohstoff nahezu grenzenlos verfügbar und Atomenergie die sauberste, günstigste und umweltfreundlichste Art der Stromerzeugung zu sein.

Dieser Optimismus wurde erstmals getrübt, als sich im März 1979 im Kernkraftwerk Three Mile Island im US-Bundesstaat Pennsylvania ein Reaktorunfall mit Kernschmelze ereignete. Schätzungen, die davon ausgingen, dass ein Reaktorunfall wahrscheinlich nur alle 100 000 Jahre eintreten könnte, mussten korrigiert werden. Leider bestätigte sich die neue Erkenntnis, dass man es hier mit einer hochriskanten Technologie zu tun hat, nur zu bald. Am 25. April 1986 kam es im Rahmen eines sicherheitstechnischen Experiments im sowjetischen Kernkraftwerk Tschernobyl zu Komplikationen, in deren Folge der Reaktorblock 4 explodierte. Die Druckwelle zerstörte das Reaktorgebäude, radioaktiver Staub stieg hoch in die Atmosphäre auf und verteilte sich über ganz Europa. Das war die bisher schlimmste Katastrophe im Zusammenhang mit der Nutzung atomarer Energie. Noch heute erkranken Menschen an den Spätfolgen.

Doch bereits vor diesen Unfällen wurden in einigen Teilen der Bevölkerung skeptische Stimmen zur »friedlich genutzten Kernenergie« laut. Zivile und militärische Erforschung und Nutzung der Atomkraft liegen nah beisammen, und wer Atomenergie nutze, könne gleichzeitig am Bau von Atombomben arbeiten. Viele Leute zweifelten schon früh an der Sicherheit von Atomreaktoren. 1975 protestierten 20 000 Menschen erfolgreich im gegen den Bau eines AKWs im badischen Wyhl. Das waren nicht nur Leute aus der Nachbarschaft, die keinen Reaktor vor ihrer Nase haben wollten. Die Menschen, die in Wyhl die Baustelle belagerten, kamen aus allen Teilen der Bundesrepublik und sogar aus dem Ausland. Seit diesem Ereignis hatte sich eine neue Anti-AKW-Bewegung formiert. Bei ihren Blockaden geplanter Atomkraftwerke sowie Zwischen- und Endlager verhielten sich die Demonstrantinnen und Demonstranten friedlich, während von der Polizei unverhältnismäßig hart eingegriffen wurde. Die Atomgegnerinnen und -gegner brachten starke Argumente gegen Bauvorhaben vor, wiesen auf gravierende Sicherheitsmängel hin und konnten sogar Erfolge verbuchen. So wurde z. B. eine Wiederaufbereitungsanlage in Gorleben als Reaktion auf den Protest nicht gebaut. Auch einige politische Parteien nahmen den Atomausstieg in den 1980er-Jahren in ihr Parteiprogramm auf.

Die Atomkraftgegnerinnen und -gegner wollten bestimmt nicht recht behalten, wenn sie auf die hohen Risiken der Kernenergie hinwiesen, dennoch bestätigte das Unglück des Kraftwerks Fukushima Daiichi erneut diese Befürchtungen. Diesmal war es nicht technisches Versagen, sondern Sicherheitsdefizite, die bereits bei der Planung der Anlage nicht berücksichtigt worden waren. Ein Seebeben löste den Ausfall des Kühlsystems und eine teilweise Kernschmelze aus.

 Menschen, die in einem Umkreis von 40 Kilometern lebten, mussten umsiedeln, in Notunterkünfte ziehen und in einer neuen Umgebung Wohnungen und Arbeit suchen.

Da die gefährlichen radioaktiven Strahlen unsichtbar sind und sich häufig nicht sofort bemerkbar machen, waren die Menschen verunsichert. Welche Lebensmittel konnten sie noch essen, wer würde für die Kosten aufkommen, wenn sie schwer erkranken würden?

Nach Fukushima war es selbst für die überzeugtesten Verfechterinnen und Verfechter der Atomenergie schwer, den Argumenten der Anti-AKW-Bewegung etwas entgegenzuhalten. Fukushima hatte erneut bestätigt, wie hoch das Sicherheitsrisiko dieser Technologie ist. Zudem ist seit einigen Jahren absehbar, dass die Uranvorräte im Zuge des weltweit wachsenden Energiebedarfs zur Neige gehen.

Ebenso wenig wie die scheinbar grenzenlose Verfügbarkeit der Atomenergie konnte sich der Mythos vom sauberen Strom halten. Atomkraftwerke in Deutschland produzieren hochgerechnet im Jahr etwa 3,7 Millionen Tonnen CO_2. Damit tragen auch Atomkraftwerke zum globalen Klimawandel bei. Ohne massive Unterstützung von staatlicher Seite können Atomkraftwerke außerdem nicht wirtschaftlich betrieben werden. Zu dieser Unterstützung gehört übrigens auch, dass die Kraftwerksbetreiber den Regierungen die Auf-

gabe überlassen, Endlager für den atomaren Abfall zu finden – und auch der Transport dorthin wird von Steuergeldern bezahlt.

 Die Suche nach geeigneten Endlagern stellt eine der größten Herausforderungen dar. Weltweit fallen jährlich 12 000 Tonnen radioaktiven Abfalls an, und bis heute gibt es noch keine Antwort auf die Frage, wo radioaktiver Abfall sicher und dauerhaft gelagert werden kann. Hochradioaktive Substanzen haben eine Halbwertszeit von 240 000 Jahren. Bedenkt man, dass die Pyramiden aus dem alten Ägypten jetzt etwa 4 500 Jahre alt sind, wird deutlich, dass wir mit der atomaren Energieerzeugung nachfolgenden Generationen eine große Last aufbürden.

Nach der Katastrophe von Fukushima regten sich auf der ganzen Welt kritische Stimmen gegen Atomkraft. Im Herbst 2010 beschloss die Bundesregierung den endgültigen Ausstieg aus der Kernkraft. Die Laufzeit bestehender Atomkraftwerke wurde nicht mehr verlängert, stattdessen beschloss die Bundesregierung mit dem Erneuerbare-Energien-Gesetz eine Wende zu einer regenerativen Energieversorgung. Auch die Schweiz hat den Atomausstieg beschlossen und in weiteren Ländern werden ähnliche Programme diskutiert. Doch es gibt auch Länder, die, um einen wachsenden Energiebedarf zu decken, in den nächsten Jahren sogar verstärkt auf Atomstrom setzen wollen. Auch Großbritannien plant den Bau eines neuen Atomreaktors im Südwesten Englands. Die britische Regierung subventioniert dieses Großprojekt mit 100 Milliarden Euro. Derzeit laufen verschiedene Klagen gegen das Projekt, da es die auf europäischer Ebene gefassten Ziele zum Ausbau regenerativer Energien untergraben würde. Bestärkt wird der Widerstand gegen das Projekt »Hinkely Pont C« vom Durchhaltevermögen und den Erfolgen der Anti-AKW-Bewegung. Geschichte und Gegenwart zeigen hier: Einmischen lohnt sich in jedem Fall, wenn es um unsere Zukunft geht!

ENERGIE

SCHORNSTEINE ZÄHLEN
WER PRODUZIERT WIE VIELE TREIBHAUSGASE?

Interview mit Lukas Emele, Öko-Institut e. V.

Der Anstieg des Gehalts von Kohlendioxid (CO_2), Methan (CH_4) oder Lachgas (N_2O) gilt als maßgebliche Ursache des Treibhauseffekts. Woher wissen Sie, wo diese Treibhausgase entstehen?

Den größten Anteil an diesem menschengemachten Treibhauseffekt hat der erhöhte CO_2-Gehalt in der Atmosphäre. Verursacht haben diesen Anstieg vor allem die Industrieländer. Es gibt nun verschiedene Möglichkeiten, solche CO_2-Bilanzen zu erstellen. Z. B. kann man berechnen, wie viel CO_2 eine einzelne Person verbraucht. Das wird als CO_2-Fußabdruck bezeichnet. Oder man rechnet aus, wie viel Kohlendioxidemissionen in einem einzelnen Produkt stecken, von der Fertigung über Transport, Nutzung bis zur Entsorgung. Eine dritte Möglichkeit besteht darin, für eine bestimmte Region oder ein Land die Emissionen zu berechnen. Ich nenne das anschaulich das »Schornstein-Prinzip«, vereinfacht gesagt zählt man alles, wo vorn Energie reingeht und hinten Abgas rauskommt: vom Schlot des Stahlwerks über den Kamin des Privathaushalts bis zum Kuhmagen. In meiner Arbeit als Wissenschaftler zähle ich im Prinzip die Schornsteine, nur dass das natürlich viel komplizierter ist, als es klingt, weil man dafür sehr viele Daten braucht. Wenn wir wissen, wo welche Mengen an Treibhausgasen herkommen, können wir konkrete Empfehlungen an die Politik richten, um die CO_2-Bilanz zu verbessern oder zu bewerten, wie gut Klimaschutzmaßnahmen sind, die schon umgesetzt wurden.

Woher kommen denn die meisten Treibhausgase?

85 % der deutschen Treibhausgase entstehen bei der Nutzung von Energie, der größte Teil davon in Kraftwerken zur Stromerzeugung. Weitere große Anteile der Emissionen kommen aus dem Verkehr sowie aus Industrie und Gewerbe – und auch Heizungsanlagen von Gebäuden tragen erheblich bei. Die anderen 15 % entstehen in der Landwirtschaft, in Industrieprozessen und auf Mülldeponien oder in Kläranlagen.

Im Rahmen der Klimakonferenzen haben sich die teilnehmenden Länder auf eine Senkung der Treibhausgasemissionen geeinigt. Wie viel müssen wir denn einsparen?

Auf der Klimakonferenz in Paris wurde beschlossen, dass jedes Land selbst festlegt, wie viel es zum Klimaschutz beitragen wird. Die Europäische Union hat sich auf eine Reduzierung der Emissionen um 80 bis 95 % bis zum Jahr 2050 im Vergleich zu den Werten aus dem Jahr 1990 festgelegt. Gleichlautend ist auch das Ziel der deutschen Bundesregierung. Um dieses Ziel zu erreichen, müssen wir noch sehr viel mehr machen als bisher: Wir sind jetzt bei einer Reduzierung von etwa 27 % seit 1990 angelangt. Damit haben wir etwa 1 % pro Jahr eingespart. Derzeit bleiben die Emissionen in Deutschland sogar eher auf einem konstanten Level, anstatt weiter zu sinken. Und das, obwohl 2015 bei der Klimakonferenz in Paris langfristig

noch ambitioniertere Ziele angedacht wurden, nämlich
eine Netto-null-Emission. Die wäre dann erreicht, wenn die
verbleibenden Emissionen so gering sind, dass sie komplett
durch natürliche Senken wie z. B. Wälder oder Moore ausge-
glichen werden können.

*Doch es wurde auch schon sehr viel auf den Weg gebracht,
wie z. B. das Erneuerbare-Energien-Gesetz. Warum wirkt sich
das nicht deutlicher auf die CO_2-Bilanz aus?*

Das liegt zum einen daran, dass in einigen Bereichen die
Emissionen sogar noch steigen: z. B. beim Verkehr, immer
größere Autos, die immer häufiger gefahren werden. Zum
anderen geht es in manchen Bereichen einfach nicht
schnell genug. Zurzeit sind nur wenige Gebäude richtig
gedämmt, aber pro Jahr werden gerade mal 1 % der beste-
henden Gebäude saniert. Ein weiterer wichtiger Aspekt ist
die bisher noch ungelöste Aufgabe, wie wir das System der
fossilen Energieträger hinter uns lassen. Die Energiewende
ist nämlich nicht nur eine Frage der neuen Technologien,
sondern auch eine Frage, wie man die alten wieder los-
wird. Im Moment erleben wir die kuriose Situation, dass der
Stromverbrauch in den vergangenen Jahren leicht rückläufig
war, die erneuerbaren Energien zunehmen, aber Stromerzeugung aus fossilen Kraftwerken trotzdem fast konstant
bleibt. Wir erzeugen mehr Strom, als wir eigentlich brauchen. Der Kohlestrom wird in andere Länder exportiert und
ist durch diesen Überschuss extrem günstig. Das hat zur
Folge, dass sich der Betrieb emissionsärmerer Gaskraftwerke
gar nicht mehr lohnt und diese stillgelegt werden. Um die
alten Energieträger loszuwerden, ist politisches Handeln
gefragt. Erfolgreiche Beispiele sieht man z. B. in Norwegen:
Hier wurde beschlossen, ab dem Jahr 2025 keine Autos mit
Verbrennungsmotor mehr zuzulassen. In Dänemark sollen
Ölheizungen vollständig durch umweltfreundlichere Hei-
zungen ersetzt werden.

Innerhalb der Europäischen Union können Industrieunternehmen Emissionen nicht nur einsparen, man kann auch mit ihnen handeln ...

Die Idee dahinter ist, dass Emissionen, die in der Industrie, also z. B. bei der Stromerzeugung oder bei der Stahlherstellung, entstehen, nicht einfach in die Luft geblasen werden sollen, sondern dass man pro Tonne CO_2, die ein Unternehmen freisetzt, ein Zertifikat braucht. Die Gesamtmenge der Zertifikate ist aber begrenzt. Wenn ein Kraftwerk oder eine Industrieanlage nicht genug Zertifikate hat, muss es effizienter werden, um CO_2 einzusparen. Da die Zertifikate ein begrenztes Gut sind, haben sie einen Wert. Für Unternehmen, die bereits in effiziente Anlagen investiert haben, entstehen finanzielle Vorteile, weil sie ihre Zertifikate verkaufen können – so weit die Theorie. Die Anzahl dieser Zertifikate wurde vor der letzten Wirtschaftskrise festgelegt. Man ging damals von einem größeren volkswirtschaftlichen Wachstum aus, somit von höherer industrieller Produktion der Unternehmen und von mehr Emissionen. Diese Erwartungen sind nicht eingetroffen und deshalb gibt es jetzt einen Überschuss an Zertifikaten. Wenn ein Emissionszertifikat fast nichts kostet, ist auch der Strom aus dem Kohlekraftwerk extrem billig. Hier besteht aus meiner Sicht die Notwendigkeit einer Nachsteuerung. Großbritannien hat z. B. die Zertifikate versteuert, um diesen Wertverlust der Zertifikate zu kompensieren. Auf diese Weise reflektieren die Kosten der Zertifikate eher die Kosten, die tatsächlich beim Ausstoß der Treibhausgase entstehen: nämlich die Kosten für die Umwelt.

Lukas Emele ist Wissenschaftler am Öko-Institut (www.oeko.de) und beschäftigt sich dort mit Energie- und Klimaschutzthemen. Er errechnet u. a. Klimaschutzszenarien für Deutschland bis zum Jahr 2050.

ENERGIE

FORTSCHRITT!

NEW

CB =
10x
= €

Zero
waste

kompostierbar

aus Avocado-
Kernen

Altkleider-
Kiste

nachgefüllt

Mund-
ranb

aus Plastik-
plane

altes
Unter-
hemd

von der
Tauschparty

MÜLL

WIR SCHWIMMEN IM MÜLL
ABFÄLLE SIND UNSERE STÄNDIGEN BEGLEITER IM ALLTAG

Die Plastiktüte im Supermarkt. Der To-go-Becher für das Heißgetränk. Die winzig kleine Kaffeekapsel für den morgendlichen Espresso. Die leere Zahnpastatube. Oder die Plastikschälchen, in die frisches Obst eingepackt ist – wir alle produzieren tagtäglich große Mengen an Müll, die uns oft nicht einmal bewusst sind.

 iele Dinge, wie Einwegverpackungen – oder auch Essen, das wir aus den verschiedensten Gründen nicht mehr wollen –, wandern quasi ungenutzt in den Müll. Kleidungsstücke, Mobiltelefone, Computer oder sonstige elektronische Geräte werden von uns immer dann entsorgt, wenn sie uns veraltet erscheinen oder uns schlicht nicht mehr gefallen, was aufgrund kurzlebiger Moden und rasanter technologischer Neuerungen immer schneller passiert. Im Jahr 2013 – das sind die neuesten Zahlen des Umweltbundesamtes – fielen in Deutschland pro Kopf 617 kg Müll an. 136 kg weniger, also 481 kg, waren es im EU-Durchschnitt, was Deutschland zu einem der traurigen Spitzenreiter macht. Von diesen 617 kg bestanden 212,5 kg aus Verpackungsmüll – im Jahr 2003 waren es noch 187,5 kg. 4 000 Tonnen Abfall kommen jährlich allein durch die kleinen, mit ihrem Aluminiumgehalt besonders ressourcenintensiven Kaffeekapseln zustande. Die Deutsche Umwelthilfe weist darauf hin, dass die aufgrund ihrer Mischung aus Papier und Plastikbeschichtung nicht recyclebaren To-go-Getränkebecher in Deutschland 320 000-mal in den Müll wandern – und zwar pro Stunde.

Den deutlichen Anstieg beim Verpackungsmüll von jährlich 15,5 Millionen Tonnen auf 17,1 Millionen Tonnen innerhalb von nur zehn Jahren führen Expertinnen und Experten auf verschiedene Gründe zurück: zum einen auf den Boom im Internet-Versandhandel. Denn wenn immer mehr Menschen alles, von Büchern über Flachbildschirme und Windeln bis hin zu Lebensmitteln, online bestellen, müssen diese Dinge für die Verschickung noch aufwendiger eingepackt werden. Oft sind die Versandkisten dafür unnötig groß. Und auch wenn ein Großteil dieser Versandpackungen aus Papier und Pappe besteht und damit relativ gut wiederverwertbar ist, gibt es zum anderen den Trend zu beobachten, dass mehr Menschen außer Haus bzw. unterwegs essen und trinken. Daher steigt die Zahl der gekauften Fertiggerichte und auch die Zahl der Take-away-Speisen – beides ist in der Regel mit viel Plastikabfall verbunden.

Das Umweltbundesamt weist aus, dass 71,8 % der Verpackungsabfälle ins Recycling gehen und insgesamt 97,6 % verwertet werden – was nur heißt, dass 2,4 % weder recyclebar noch verbrennbar sind. Besonders Altpapier, Glas und bis zu einem gewissen Grad auch PET-Flaschen lassen sich gut recyclen. Das ändert jedoch nichts an der Tatsache, dass die ca. 45 % Restmüll aus den Haushalten gleich zur Energiegewinnung verbrannt werden und ein Großteil des Plastikmülls – geschätzt bis zu 80 % – ebenfalls am Ende in der Verbrennungsanlage landet. Denn oft handelt es sich bei Plastikabfall um Mischformen aus verschiedenen Materialsorten, die nur mit viel Chemieeinsatz getrennt werden könnten und daher gleich verfeuert werden. Und auch das wiederverwertbare Plastik kann nach dem Recycling nur noch für minderwertigere Produkte verwendet werden – so wird aus einem alten Joghurtbecher kein neuer Joghurtbecher, sondern höchstens eine Getränkekiste oder eine Regentonne. Das Verbrennen von Müll, das eben der Energiegewinnung dient, wird zwar als Fortschritt gegenüber der früher weitverbreiteten Lagerung auf Mülldeponien gesehen, wo der Abfall viel Platz wegnahm und Schadstoffe ins Grundwasser sickern konnten, doch

trotz verbesserter Umweltstandards gelangen durch die Schornsteine der Müllverbrennungsanlagen immer noch Kohlendioxid,
Kohlenmonoxid, Schwefeloxide, Stickoxide und Chlorwasser-
stoffsäure (Salzsäure) und Fluorwasserstoffsäure (Flusssäure)
in die Atmosphäre, die Umwelt und Klima schädigen. Außerdem
bleiben nach der Verbrennung Aschen und Schlacken übrig, die
schadstoffbelastet sind und daher unter Tage – in Deutschland
zumeist in Salzbergwerken – gelagert werden müssen.

Und nicht jeder Abfall gelangt überhaupt dorthin, wo er
wiederverwertet oder zumindest verbrannt werden könnte.
Seit einigen Jahren ist bekannt, dass immer mehr Plastikmüll
in unseren Weltmeeren treibt. Auch die wachsende Menge von
Elektroschrott ist ein riesiges Problem.
Es reicht also nicht, unseren Abfall ordentlich zu trennen und
zu entsorgen, sondern die Strategie der Zukunft muss heißen:
konsequente Müllvermeidung.

>>DER WANDEL ZUR NACHHALTIGKEIT WIRD DIE GANZE WELT ERFASSEN<<
WAS MÜLLRECYCLING HEUTE SCHON KANN – UND WAS NOCH NICHT

Interview mit Dipl.-Ing. Roman Maletz, TU Dresden

Die Verantwortung der Bürgerinnen und Bürger beim Recycling wird immer wieder betont. Doch wie viel Müll entsteht eigentlich aus privater und wie viel aus gewerblicher Nutzung und wodurch unterscheidet sich dieser?

Man unterscheidet eher zwischen industriellen bzw. gewerblichen Abfällen und Siedlungsabfällen. Haushaltsähnliche gewerbliche Abfälle, beispielsweise aus einem Friseursalon, werden dabei auch über die Siedlungsabfallentsorgung abgeholt – also über die blaue, gelbe, braune oder schwarze Tonne.

Die Menge an Abfällen aus Haushalten, inklusive des getrennt gesammelten Glases, des Gelben-Sack-Mülls und der Papiertonne, entspricht jährlich dem Gewicht von ca. 50 Millionen Tonnen; bei den gewerblichen oder industriellen Abfällen sind es ungefähr genauso viel.

Daneben gibt es noch ca. 200 Millionen Tonnen Bau- und Abbruchabfälle, also Steine oder Straßen- bzw. Betonabbruch (die Überreste von abgerissenen Bauwerken oder Fahrbahnen), weswegen die Masse auch so hoch ist. Gewerbliche oder industrielle Abfälle lassen sich meistens besser recyceln, weil sie sortenreiner und weniger verschmutzt sind: So gibt es beim Abfall eines Spielzeugge-

schäfts beispielsweise einen großen Anteil an Pappe von den
Verpackungen.

*Deutschland gilt als Meisterschüler des Recyclings: 65 % des
kommunalen Abfalls werden wiederverwendet. Doch gibt es
dabei nicht starke Einschränkungen, wie sich das recycelte
Material hinterher einsetzen lässt? Plastik z. B. darf ja aus
hygienischen Gründen kaum wiederverwertet werden.*
Richtig, eine Verwertung in dem angegebenen Prozentsatz
findet statt. Im Bereich Plastik ist es bis jetzt tatsächlich
leider eher ein Downcycling, also eine Neunutzung mit
minderer Qualität. Denn die Anforderungen der Hersteller
hochwertiger Kunststoffprodukte sind sehr hoch und die
Prozesse teilweise eingeschliffen. Aber genau daran arbeiten
wir, und so steigen die Quoten der sogenannten gleichwer-
tigen Stoffnutzung. Sodass also aus einer Trinkflasche kein
Blumentopf oder Baustellenbakenfuß mit minderwertiger
Kunststoffmischung entsteht, sondern wieder eine Trinkflasche o. Ä.
Doch bis jetzt spielt sich die hochwertige bzw. gleichwertige
stoffliche Nutzung recycelter Kunststoffe immer noch im
einstelligen Prozentbereich ab, was wir sehr bedauern.

*Wie viel Prozent und welche Sorten Abfall werden in andere
Länder exportiert und welche Probleme können dadurch
entstehen?*
Es werden ca. 5 % der nicht gefährlichen Abfälle und nur ein
sehr geringer Anteil gefährlicher Abfälle legal exportiert,
weil die Basler Konvention, die seit 1989 den internationalen Umgang mit gefährlichen Abfällen regelt, besagt, dass
eigentlich kein Land diese Abfälle in ein anderes Land schaffen darf – jedes Land soll selbst damit klarkommen. Nicht
umweltgefährdende Abfälle, wie beispielsweise Altpapier,
können in andere europäische Papierfabriken gelangen.
Es gibt zudem den illegalen Export, z. B. alter Elektro- oder

Elektronikgeräte, wie Kühlschränke und Fernseher, vor allem nach Afrika und Asien. Dort werden diese häufig einfach abgelagert oder verbrannt und unter gefährlichen, gesundheitsschädlichen Bedingungen für die Menschen auseinandergenommen, um Kabel und wertvolle Metalle etc. zurückzugewinnen

Nützt die deutsche oder mittlerweile auch europäische Bereitschaft zum Recycling überhaupt etwas, wenn es in anderen Weltregionen keine vergleichbaren Standards gibt?

Für Deutschland ist das sicher sinnvoll, weil wir keine eigenen Rohstoffe haben und somit unsere Produkte und die enthaltenen werthaltigen Rohstoffe so lange wie möglich im (Recycling-)Kreislauf halten wollen. Zum anderen ist dieses Handeln natürlich nachhaltig. Hinzu kommt, dass die Umwelttechnologie ein wirtschaftliches Standbein ist, um die Bevölkerung mit Arbeit zu versorgen – wie andere Länder es mit der Förderung ihrer Rohstoffe tun. Aber es stimmt, andere Länder haben keinen ganz so hohen Bedarf, weil sie im Moment primär soziale oder wirtschaftliche Probleme lösen müssen. Aber der Wandel zur Nachhaltigkeit wird sicher die ganze Welt erfassen.

Welche Stoffe sind für eine Wiederverwertbarkeit besonders problematisch, welche besonders gut geeignet?

Metalle, Papier, Glas und organische Abfälle, also Bioabfälle zur Erzeugung von Kompost, lassen sich gut recyceln, da sind die Verwertungsquoten sehr hoch. Kunststoffe, wie ich bereits erwähnte, zurzeit leider nur bedingt. Insgesamt streben wir aber auf jeden Fall eine Erhöhung der Verwertungsquoten an.

Dipl.-Ing. Roman Maletz ist Wissenschaftlicher Mitarbeiter am Institut für Abfall- und Kreislaufwirtschaft der Technischen Universität Dresden.

MÜLL

PLASTIKSUPPE IM MEER
WIE WINZIG KLEINE PLASTIKKÜGELCHEN RIESIGE PROBLEME VERURSACHEN

70 % der Erdoberfläche sind von Ozeanen bedeckt. Sie sind wichtiger Lebensraum für ein Viertel aller bekannten Tierarten und stabilisieren als gigantischer Wärmespeicher unser Klima. Doch unser sorgloser Umgang mit Plastikabfällen führt dazu, dass große Teile der Weltmeere zu einer Plastikmüllsuppe mutieren – mit bislang unabsehbaren Folgen für Tiere und Menschen.

Bereits 1988 wurde er in einem wissenschaftlichen Artikel vorausgesagt, 1997 wurde er zum ersten Mal konkret beschrieben: der große Pazifikmüllfleck im Meereswirbel des Nordpazifik, der auch schon als der »siebte Kontinent« betitelt wurde. Es handelt sich dabei jedoch nicht um eine tatsächliche Insel oder einen mit bloßem Auge wahrnehmbaren Teppich, sondern eher um schwarmartige Verbreitungen von meist winzig kleinen Plastikteilchen. Mittlerweile wurden zahlreiche dieser »Plastiksuppen«, wie man sie eher nennen müsste, gefunden, so z. B. auch im Mittelmeer, in Nord- und Ostsee, im Nordatlantik oder in der Barentsee.

Das UNEP geht davon aus, dass jedes Jahr ca. 6,4 Millionen Tonnen Plastikabfall in die Weltmeere gelangen, und eine spanische Studie fand 2011 heraus, dass 88 % der gesamten Meeresfläche von kleinen Plastikpartikeln verseucht sind. Im Jahr 2013, so das deutsche Umweltbundesamt, hätten sich insgesamt bis zu 150 Millionen Tonnen Abfall in allen Ozeanen befunden, wovon 60 % aus Plastik bestanden hätten. 70 % davon sinken auf den

Meeresboden, 15 % treiben an der Oberfläche und die restlichen 15 % werden an die Küsten gespült. In Hawaii gibt es Strände, an denen mehr Plastik als Sand zu finden ist, beispielsweise am Kamilo Beach an der südwestlichen Spitze von Big Island, der aufgrund dieser massiven Vermüllung der Öffentlichkeit als »Plastic Beach« bekannt wurde.

Die Tüten, Flaschen, Folien sowie alle anderen denkbaren Abfälle aus Plastik sind bekanntlich nicht biologisch abbaubar, sondern werden, sofern sie so leicht sind, dass sie an der Oberfläche schwimmen, durch die UV-Strahlung der Sonne, das Salz des Meeres sowie die Wellenbewegungen zu immer kleineren Teilchen zerschlagen. Am Ende sind diese nur noch wenige Mikrometer bis Millimeter groß und werden Mikroplastik genannt. Es sind aber nicht allein die zerriebenen Plastikabfälle, die zum hohen Aufkommen von Mikroplastik im Meer beitragen, sondern z. B. auch Kleidungsstücke aus Kunststoff, wie Fleece. Diese sondern beim Tragen und Waschen winzige Plastikpartikel ab, die von Kläranlagen nicht aus dem Abwasser herausgefiltert werden können und auch in der Luft herumfliegen – und letztendlich oft im Meer landen. Auch in einigen Körperpflegeprodukten, wie Zahnpasta oder Peelings, werden winzige Plastikkügelchen eingesetzt, die durch den Abfluss in unsere Gewässer gelangen können. All diese kleinen Teilchen stellen eine große Gefahr für die im und am Meer lebenden Tiere dar. Seevögel – von denen heute schon 90 % regelmäßig Plastikteile verschlucken – und Fische können diese nicht von Nahrung, wie Plankton oder Fischeiern, unterscheiden und füllen sich und ihren Jungen damit den Magen, ohne Nährstoffe aufzunehmen. Muscheln, in deren Organismus Mikroplastik gelangt, reagieren mit Entzündungen.

Inwieweit der Verzehr von Tieren, die Plastik schlucken für Menschen gefährlich ist, konnte bisher noch nicht umfassend erforscht werden. Es wird aber vermutet, dass dieser u. a. zu hormonellen Erkrankungen, Entwicklungsstörungen sowie zu Krebs führen kann.

Neben den Schäden für die Umwelt hat die Vermüllung der Meere aber auch wirtschaftliche Konsequenzen: für den Tourismus bzw. für die Strandgemeinden, die viel Geld für das Einsammeln von Müll ausgeben müssen, für Fischer, die wegen des Abfalls weniger Fische in ihren Netzen haben und zudem zeitaufwendig den Müll aus diesen entfernen müssen, oder für große Schiffe, deren Schiffsschrauben durch das Plastik lahmgelegt werden.

Um auf die Situation aufmerksam zu machen und Abhilfe zu schaffen, wurden Aktionen wie »Fishing for Litter«, »Meere ohne Plastik«, »The Ocean Clean Up« oder lokale Mülleinsammelaktionen ins Leben gerufen, die mit verschiedenen Methoden Meere und Küsten vom Plastikabfall befreien wollen. Doch nachhaltig verbessert werden kann die Lage nur, wenn weniger Müll ins Meer gelangt – und das klappt dann am besten, wenn wir von vornherein weniger Plastikabfall produzieren.

DER AM SCHNELLSTEN WACHSENDE MÜLLBERG DER WELT
WIE KÖNNEN WIR SINNVOLL MIT ELEKTRONIKSCHROTT UMGEHEN?

Interview mit
Rafa Font,
Recyhub

Was genau ist mit E-Waste, also Elektronikmüll, gemeint, und warum ist in letzter Zeit so oft davon die Rede?

Jedes elektrische oder elektronische Gerät, das weggeworfen wird, wird als E-Waste bezeichnet.

Dessen Menge hat sich in den letzten Jahren so drastisch erhöht, dass man davon ausgeht, dass es die am stärksten wachsende Abfallsorte der EU (bzw. der ganzen Welt) ist. 2005 waren es in der EU noch 9 Millionen Tonnen, 2020 werden es laut EU-Kommission schon 12 Millionen Tonnen sein. Besonders die gesundheitsgefährdenden und umweltschädlichen Folgen, die von diesem Müll ausgehen können, wenn er nicht richtig auseinandergenommen oder recycelt wird, erfüllen Expertinnen und Experten mit Sorge. In vielen dieser Geräte ist gefährliches Material wie z. B. Blei oder Quecksilber enthalten, aber auch äußerst wertvolle Metall-Rohstoffe wie Gold, Silber, Kobalt oder Kupfer.

Wo fällt der Elektronikschrott hauptsächlich an, und wo wird er entsorgt?

Dieser Müll wird heute gar nicht mehr hauptsächlich in den westlichen Industrieländern produziert, wie viele glauben, sondern auf der ganzen Welt. Auch, wie er hin und her geschoben wird, hat sich in den letzten Jahren geändert –

MÜLL

es ist nicht mehr so, dass nur der Globale Norden den Globalen Süden verschmutzt, sondern es gibt innerhalb des Südens einen regen E-Waste-Verkehr.

Konnte die Basler Konvention, der mittlerweile 170 Länder beigetreten sind, den illegalen Austausch von Elektronikmüll eindämmen?

Dieses Abkommen ist das einzige, das den Transport von E-Waste überhaupt regelt. Es ist aber leider voller Lücken. Es bezieht sich nämlich nur auf Transaktionen von EU- bzw. OECD-Ländern in andere Länder, und der weiter oben angesprochene Austausch innerhalb des Globalen Südens wird dabei überhaupt nicht berücksichtigt. Dadurch wird die Basler Konvention eigentlich immer nutzloser.

Trotzdem sehen die meisten Leute eigentlich nur das Problem, dass die reichen Länder ihren Elektroschrott in arme Länder abschieben. Sie stimmen mit dieser Sichtweise aber offensichtlich nicht überein.

Nein, das tun wir nicht, und zwar nicht nur, weil die Transporte eben nicht mehr nur vom Globalen Norden in den Globalen Süden verlaufen: E-Waste verursacht nämlich nicht nur Verschmutzung, sondern kann tatsächlich auch dazu beitragen, neue Jobs zu schaffen! Wenn das Recycling nicht fachgerecht durchgeführt wird, zieht das schlimme Umwelt- und Gesundheitsschäden nach sich, das stimmt. Aber wenn es mit Fachwissen gemacht wird, muss das nicht so sein – die Wirklichkeit ist eben ein bisschen komplizierter, als wir uns das im Westen vorstellen.

Sie haben sich sehr stark auf der Elektronikmülldeponie Agbogbloshie in Ghana engagiert, die als größte weltweit gilt. Das Blacksmith Institute wählte diesen Stadtteil der Hauptstadt Accra 2013 zu einem der am meisten verseuchten Orte der Erde.

Agbogbloshie erlangte traurige Berühmtheit durch einen Greenpeace-Bericht der frühen Nullerjahre und kam danach in vielen Artikeln und Dokus vor. Doch die Vorstellung, dass dieser Ort nur eine riesige, tödliche Müllhalde ist, ist aus unserer Sicht falsch.

In Agbogbloshie gibt es mehrere Hundert Leute, die jeden Tag mit Handkarren herumgehen und verschiedenste Arten Metall aufkaufen. Beispielsweise alte Kühlschränke, Autos und Autoteile, Computer und jede andere Form von Metall, die sich weiterverkaufen lässt. Dann gibt es noch die Zerleger, die auch »scrap dealers«, also Abfallhändler genannt werden, die das wertvolle Metall daraus extrahieren, sortieren und an weitere Zwischenhändler verkaufen. Dieses wird dann wiederum an andere Mittelsmänner verkauft, die das Material exportieren. Das passiert z. B. regulär mit Kupfer – es wird aus alten Kabeln gewonnen und dann aus Ghana exportiert.

Auf Ihrer Website rufen Sie dazu auf, die Menschen, die in Agbogbloshie oder an ähnlichen Orten arbeiten, nicht länger nur als bemitleidenswerte Opfer zu sehen. Warum?

Weil sie ihren Lebensunterhalt mit diesem Elektronikschrott verdienen. Wenn wir einfach den Transport von E-Waste verbieten, tun wir ihnen damit sicher nichts Gutes. Wir müssen uns stattdessen die Situation genauer ansehen: Wenn sie z. B. Kabel verbrennen, um dadurch das Kupfer daraus zu extrahieren, ist das ein extrem gesundheitsschädigender Vorgang. Aber wenn sie elektronische Leiterplatten verkaufen, die sie vorher von Hand aus Computern ausgebaut haben, ist das weder giftig noch gefährlich. Wir müssen einerseits die schädlichen Prozesse angehen und andererseits wahrnehmen, dass die Leute mithilfe dieser Materialien für sie lebenswichtige Geschäfte tätigen. Wenn wir sie nur als Opfer sehen, nützt das niemandem.

Wie unterstützen Sie sie dabei?

Wir versuchen, Werkzeuge zu entwerfen, mit denen das Recycling für die Menschen einfacher und weniger gesundheitsschädlich wird. Damit z. B. Kabel nicht länger verbrannt werden müssen, haben wir einen Kabelschredder bzw. -häcksler entwickelt, der jetzt vor Ort zu einem Kabelabstreifer (»cable stripper«) weiterentwickelt wird. Wir sehen die Menschen in Agbogbloshie als Partner, mit denen wir zusammenarbeiten und deren Aktivitäten wir möglichst unterstützen, und nicht als Opfer, die wir beschützen müssen. Aber nicht nur in Agbogbloshie gibt es Recyclingaktivitäten als Lebensunterhalt, auch in europäischen Städten wie Barcelona, wo einige Recyhub-Mitarbeiter leben. Daher ist es aus unserer Sicht extrem wichtig, billige Werkzeuge dafür zu erfinden und deren Baupläne unter offenen bzw. Creative Commons-Lizenzen online zur Verfügung zu stellen, damit alle etwas davon haben.

Was können wir alle tun, damit weniger E-Waste entsteht?

Wir könnten damit anfangen, unsere Konsumgewohnheiten zu hinterfragen. Das Wichtige ist nämlich, elektronische Geräte zu haben, die gut sind, und nicht solche, die als cool gelten. Deswegen sollten wir Produkte auswählen, die lange und gut funktionieren und die wir reparieren (lassen) können, falls sie doch mal kaputtgehen. Insgesamt sehen wir vier wichtige Stufen:

Erstens: weniger Elektroprodukte kaufen. Zuerst sollten wir uns fragen: »Brauche ich das wirklich?«, und falls die Antwort »Ja« ist: »Bekomme ich das nicht auch secondhand?« Dann sollten wir uns informieren, welches die umweltfreundlichsten und langlebigsten Angebote in diesem Bereich sind.

Zweitens: reparieren. Mit offener Software kann man die Geräte oft leichter updaten, und mithilfe von Communitys wie »Repair Cafés« oder »Restart Parties«, die man im Netz

FORTSCHRITT!

finden kann, lässt sich vermeintlich Kaputtem oft noch einmal neues Leben einhauchen.

Drittens: wiederverwenden. Statt unzählige Elektroleichen in Schubläden und Schränken verstauben zu lassen, sollten wir versuchen, sie zu verkaufen oder zu verschenken – es gibt mehr Leute, die dafür Verwendung haben, als man denkt.

Viertens: recyceln. Falls die Geräte wirklich das Ende ihrer Lebensdauer erreicht haben, sollten wir sie auf jeden Fall an den korrekten Stellen entsorgen oder sogar den Herstellern zurückgeben – die sind in Europa nämlich dazu verpflichtet, sie zurückzunehmen und korrekt zu recyceln.

Rafa Font arbeitet bei Recyhub, einem internationalen sozialen Unternehmen, das umweltfreundliche Werkzeuge für inoffizielles E-Waste-Recycling entwickelt.

MÜLL

WENIGER IST WENIGER
WELCHE STRATEGIEN GIBT ES, MÜLL VON ANFANG AN ZU VERMEIDEN?

Der beste Müll ist der, der gar nicht erst anfällt. Mittlerweile haben sich bereits viele Menschen Gedanken darüber gemacht, wie wir möglichst wenig Abfall produzieren können. Ob es darum geht, im eigenen Alltag ohne Mülleimer auszukommen oder Produkte gleich von Anfang an abfallarm zu konzipieren – hier sind einige der vielversprechendsten Ansätze.

auren Singer wurde als die Frau bekannt, deren Müll in ein kleines Einmachglas passt – der Müll aus vier Monaten, wohlgemerkt. Auf ihrem Blog »Trash is for Tossers« (in etwa »Müll ist was für Dumme«) berichtet die New Yorkerin von ihrem Zero Waste-Lifestyle, bei dem es darum geht, gar keinen oder zumindest fast keinen Abfall zu erzeugen. Singer kauft frisches Obst und Gemüse auf Märkten, zu denen sie ihre Taschen mitbringt, sie lässt sich Milch in eigene Flaschen abfüllen, Kleidung kauft sie nur secondhand, und Hygieneprodukte wie Zahnpasta und Waschmittel mixt sie sich gleich selbst zusammen. Immer mehr Menschen schließen sich diesem Lebensstil an und kommen dabei auf kreative Ideen: Ein altes Unterhemd wird mit nur einer Naht zu einer Einkaufstasche, die immer im Gepäck für neue Einkäufe ist und die Plastiktüte im Geschäft ersetzt, aus Bioabfall wie Avocadokernen lässt sich ein biologisches Haarshampoo ansetzen, und Essig kann aus Apfelresten hergestellt werden, wie es z. B. die deutsche »Zero Waste-Familie« auf ihrem Blog vormacht. In Deutschland gibt es bereits zwei Super-

märkte – in Berlin und in Kiel –, in denen es sich unverpackt, also Ware gänzlich ohne Verpackung, einkaufen lässt. Das Motto von »Zero Waste« lässt sich mit den sechs englischen Schlagworten »refuse, reduce, reuse, repair, recycle, rot« zusammenfassen, also in etwa »verweigern, reduzieren, wiederverwenden, reparieren, recyclen, kompostieren«.

Auch wer nicht ganz so radikal das große Nichts im Abfalleimer anstrebt, kann mit einzelnen Bestandteilen dieser Strategie – z. B. immer den eigenen wiederverwendbaren To-go-Becher oder Essensbehälter für Hunger oder Durst unterwegs dabeihaben – schon so einiges an Müll umgehen.

Gemeinschaftliche Initiativen wie z. B. Foodsharing rufen dazu auf, nicht mehr benötigte Lebensmittel nicht einfach wegzuwerfen – immerhin 30 % aller Nahrungsmittel landen im Müll –, sondern sie zu spenden, zu teilen oder gleich gemeinsam zu verkochen.

Damit ist es ein Teil der stetig wachsenden »Share Economy«, der Wirtschaft des Teilens, bei der es darum geht, Dinge nicht oder nur in kleinem Umfang selbst besitzen zu müssen. Denn oft nutzt man etwas nur für einen bestimmten Zeitraum – ein Buch, eine DVD, ein Werkzeug – und statt es hinterher verstauben zu lassen oder gar zu entsorgen, erscheint es sinnvoller, es Personen zur Verfügung zu stellen, die es gerade dann brauchen können und es dann wiederum weiter- oder bei Bedarf auch wieder zurückgeben können. All dies lässt sich heute besonders leicht mit digitalen Technologien über die sozialen Netzwerke organisieren.

Doch in der Abfallfrage kann man auch schon viel früher ansetzen. Bevor wir uns nämlich die Frage stellen, ob wir ein Produkt mit oder ohne viel Verpackung akzeptieren, muss es erst einmal geplant werden. Schon in diesem Stadium, bevor das Ding überhaupt existiert, können Entscheidungen fallen, die über seinen Abfallfaktor bestimmen. Ein großes Problem hier-

MÜLL

bei ist die sogenannte »geplante Obsoleszenz« von Waren, also eine absichtlich im Produkt angelegte verkürzte Lebensdauer. Auch wenn immer wieder bestritten und angezweifelt wird, dass Unternehmen ihre Geräte absichtlich so konzipieren, dass sie möglichst schnell kaputtgehen oder eben obsolet, unbrauchbar werden, ist es nicht von der Hand zu weisen, dass es viele Faktoren gibt, die die Nutzungsdauer massiv einschränken: fest verklebte Akkus in Mobiltelefonen, die nicht ausgetauscht werden können. Druckerpatronen, deren Inhalt nicht voll ausschöpfbar ist. Elektrische Geräte, für die es keine Ersatzteile gibt. Technologische Gadgets, deren in schnellen Abständen erzeugte Neuauflagen nicht mehr mit den älteren Generationen kompatibel sind, um nur einige zu nennen.

Der Ansatz der Kreislaufwirtschaft, auch unter den Namen »Ökoeffektivität« oder »Cradle to Cradle« (C2C) bekannt, also »von der Wiege bis zur Wiege«, setzt dagegen darauf, nur noch mit wiederverwertbaren Materialien zu arbeiten. So wie in der Natur, wo Pflanzen und Tiere Kompost erzeugen, der wiederum neues Leben entstehen lässt, sollen Dinge nur noch so hergestellt werden, dass sie möglichst zu 100 % und ohne Qualitätsverlust, der beim Recycling immer wieder auftritt, wiederverwendbar sind. Biologische Materialien können kompostiert werden, technische Materialien sollen so sortenrein verwendet werden, dass sie nach Ende der Nutzungsdauer problemlos getrennt und als neue Rohstoffe verwendet werden können. Es gibt jedoch auch Kritik an diesem Ansatz mit seiner Betonung der »intelligenten Verschwendung«, da er nach wie vor an die Möglichkeiten unbegrenzten Wachstums glaube, statt auf die Endlichkeit gewisser Ressourcen aufmerksam zu machen.

Trotzdem ist der Druck auf Hersteller, schon beim Produkt- oder Verpackungsdesign auf Umweltfreundlichkeit, Langlebigkeit und möglichst wenig Abfallaufkommen zu achten, ein wichtiges Instrument, das Konsumenten selbst in der Hand haben. Auch wenn es lästig ist und Mühe macht, nach Ersatzteilen oder Reparaturmöglichkeiten zu fragen oder sich über nicht aufschraubbare Elektronikgeräte oder in gigantische Styropormassen verhüllte Geräte zu beschweren, so bekommen Unternehmen dadurch wichtige Rückmeldung dazu, dass ein Umdenken dringend erwünscht ist.

NAHRUNG

DIE KUH UND DAS KLIMA
WIE UNSERE ART ZU ESSEN SICH AUF DIE UMWELT AUSWIRKT

Erdbeeren mitten im Winter. Spottbillige Fleischberge. Eier aus Massentierhaltung. Pestizidrückstände im Gemüse. Jeden Tag werden wir durch das Angebot in Supermärkten und durch kritische Medien damit konfrontiert, wie wenig nachhaltig der moderne westliche Ernährungsstil ist – und denken trotzdem selten darüber nach.

ie meisten Menschen, die in wohlhabenden Ländern leben, kennen es heute nicht mehr anders: Im Supermarkt gibt es zu jeder Jahreszeit alles, die komplette Produktpalette von beliebten Gemüsesorten und Früchten, egal, ob diese in der jeweiligen Region heimisch oder ob sie zu diesem Zeitpunkt gerade erntereif sind. Viele Konsumentinnen und Konsumenten wissen nicht einmal mehr, was wann bei uns geerntet werden kann und welche Nahrungsmittel in welchen Weltregionen wachsen, weil alles stets direkt vor ihrer Nase griffbereit liegt. Für diese Dauerverfügbarkeit zahlt die Umwelt einen hohen Preis.

Durch lange Transportwege entstehen CO_2-Emissionen, die dem Klima schaden. Die 4 % Lebensmittel, die in Deutschland durchschnittlich aus Übersee importiert werden, kommen meist mit dem Schiff zu uns. Dadurch wird ihr Anreiseweg in unsere Läden in der Regel ca. elfmal länger als der regionaler Produkte, sodass dadurch elfmal mehr CO_2 und sogar 28-mal mehr Schwefeldioxid in die Atmosphäre gelangen. Noch verheerender wirken sich allerdings die 140 Tonnen Lebensmittel aus, die täglich durch die Luft nach Deutschland reisen. Ein Kilogramm Nahrung, das mit dem Flugzeug zu uns kommt, ist für 170-mal so viele Emissionen verantwortlich wie ein auf dem Seeweg gebrachtes. Für dieses eine Kilogramm könnte man 90 Kilogramm regionale Erzeugnisse transportieren!

Das heißt jedoch nicht, dass alle, die an nachhaltiger Ernährung interessiert sind, für immer auf Dinge, die uns heute selbstverständlich erscheinen, aber nicht bei uns wachsen – Bananen, Kaffee, Kakao etc. –, verzichten müssen. Denn wenn nur diese Produkte, die bei uns nicht wachsen, importiert werden würden, und eben nicht zusätzlich noch die Erdbeeren für den deutschen Winter o. Ä., könnten immerhin 22 % des CO_2-Ausstoßes verhindert werden. Und auch innerhalb Deutschlands ließe sich noch etwas machen: Wenn die Hälfte aller Lebensmittel nicht mehr mit Lastern, sondern mit Zügen durch die Gegend gefahren würde, könnten auch hier noch einmal 16 % CO_2 eingespart werden.

Doch nicht nur der Transport von Nahrungsmitteln ist für die Zerstörung der Ozonschicht und die Klimaerwärmung verantwortlich, sondern auch die Art, wie Nahrung produziert wird. Alles, was in beheizten Gewächshäusern oder Tunneln aus Plastikfolie angebaut wird, produziert 30-mal mehr Treibhausgase als das, was im Freien wächst. Denn vor allem im Winter und Frühjahr muss hier Kohlendioxid als Dünger eingesetzt werden, da die fehlende Lüftung in Kombination mit der Fotosynthese der Pflanzen einen Mangel an Kohlendioxid erzeugt, den es auszugleichen gilt. Und nicht zuletzt entscheidet auch das, was wir essen, über unsere persönliche Klimabilanz. Denn mittlerweile ist bekannt, dass z. B. Rindfleisch und Milchprodukte wie Butter und Käse besondere Klimakiller sind. Zum einen, weil Kühe beim Verdauen das klimaschädliche Gas Methan erzeugen, ebenso wie die Düngemittel Gülle und Mist (hier entsteht zusätzlich auch noch das ebenso schädliche Lachgas). Während ein Kilogramm

Butter 23 794 Gramm CO_2-Emissionen verursacht, sind es bei einem Kilogramm Gemüse nur 150 Gramm. Zum anderen, weil für ihre Fütterung viel Getreide und Soja benötigt werden – für ein Kilogramm Rindfleisch müssen 10 Kilogramm Getreide verfüttert werden – und für die dafür benötigten riesigen Anbauflächen oft (Ur-)Wälder gerodet werden, was wiederum zur Klimaerwärmung beiträgt.

Als Nächstes drängt sich die Frage auf, wie diese Tiere gehalten werden. Umfragen zufolge wünschen sich 80 % der Deutschen eine artgerechte Haltung von Nutztieren, die ihnen Fleisch, Eier oder Milchprodukte liefern. Doch in der Realität kommen 97 % der Produkte, die gekauft werden, aus der Massentierhaltung. Und dies bedeutet, dass weit über 90 % dieser ca. 174 Millionen in Deutschland lebenden Nutztiere ihr komplettes Leben in Ställen verbringen, meist auf so extrem geringem Raum, dass sie sich nicht einmal umdrehen können, vollgestopft mit billigen Nahrungsmitteln wie Soja, die oft noch mit Proteinen angereichert werden, was zum Versagen des tierischen Immunsystems führen kann. Deswegen bekommen die Tiere Antibiotika, die in der Folge auch auf Menschen übergehen und z. B. in Form von Resistenzen die Gesundheit schädigen können.

40 % der Landfläche der Erde sind mittlerweile von Äckern und Weiden bedeckt. Dafür werden nicht nur wichtige Naturlandschaften wie Feuchtgebiete oder Regenwälder zerstört, es wird zur Bewässerung auch extrem viel Wasser verbraucht, das an anderer Stelle fehlt. Zusätzlich wird die Wasserqualität gemindert, weil die Düngemittel, die den Ertrag der Erde steigern sollen, oft Phosphor und Stickstoff enthalten, die ins Grundwasser eindringen. Meist werden die Böden so ausgebeutet, dass sie erodieren oder versalzen und nicht mehr nutzbar sind.

Auch der massive Einsatz von Pflanzenschutzmitteln stellt ein Problem dar. Diese sogenannten Pestizide sind Gifte, die eingesetzt werden, um besonders effizient massenhaft Obst und Gemüse herstellen zu können. Dafür werden riesige Monokulturen – also Flächen, auf denen nur eine Pflanzenart wächst –

angelegt, die höchst anfällig für den Befall durch Schädlinge ist. Doch die Pestizide töten nicht nur diese Pflanzenschädlinge, sondern auch Nützlinge, die dann die Schädlinge nicht mehr auffressen können, sodass diese bei einem Wiederbefall der Pflanzen mit noch mehr Pestiziden vernichtet werden müssen. Die Rückstände dieser Gifte gelangen über das Wasser und die Nahrungsmittel selbst auf unseren Teller und stehen im Verdacht, u. a. krebserregend zu sein.

Ganz schön viele Faktoren also, durch die unser Essen die Umwelt im großen Stil belastet. Doch es gibt Anregungen, wie auch Einzelpersonen mit einer nachhaltigen Ernährung dagegensteuern können. Sieben Punkte wurden dafür festgelegt, die sich so zusammenfassen lassen:

Man sollte möglichst pflanzliche, ökologisch erzeugte, regionale und saisonale, frische und wenig verarbeitete, wenig verpackte und fair gehandelte Lebensmittel essen – die am besten auch noch genussvoll und bekömmlich sein sollten. Dabei gibt es aber eigentlich noch einen weiteren Punkt, der viel zu selten erwähnt wird: das Engagement dafür, dass die Lebensmittel, die all diesen Kriterien entsprechen, auch wirklich für alle Menschen, egal welcher Herkunft und welcher sozialen Lage, verfügbar und vor allem bezahlbar werden.

DER HOHE PREIS VON >>BILLIG<<
NAHRUNGSMITTELPRODUKTION UND
GLOBALE WIRTSCHAFTLICHE INTERESSEN

Wie kann es sein, dass im reichen Deutschland nur Cent-Beträge für Essen ausgegeben werden, während Menschen in ärmeren Ländern einen Großteil ihres Einkommens dafür berappen müssen, damit überhaupt etwas auf den Teller kommt?

In der Schweiz kursiert ein Witz über die deutschen Essgewohnheiten, der geht so: »Der Deutsche kennt nur zwei Geschmäcker: billig und viel.« Wer sich in deutschen Discountern umsieht, bekommt den Eindruck, dass darin so einiges an Wahrheit steckt. Das Prinzip des Lebensmitteldiscounters (oder auch Diskonters), also eines Ladens, in dem eine reduzierte Auswahl an Produkten schnörkellos und mit möglichst wenig Betriebskosten zu Tiefstpreisen angeboten wird, gilt tatsächlich als deutsche Erfindung. Deutschland ist nach einem EU-Vergleich aus dem Jahr 2013 dasjenige EU-Land, in dem Konsumentinnen und Konsumenten, gemessen an ihrem Wohlstand, am wenigsten für Nahrung ausgeben müssen.

Problematisch ist dabei die Machtkonzentration: Das deutsche Bundeskartellamt schätzt, dass vier große Konzerne mittlerweile auf 85 % Marktanteil im Bereich Lebensmittel kommen und damit (tiefe) Preise diktieren können, an denen sich in der Regel auch die anderen Anbieter orientieren, um wettbewerbsfähig zu bleiben. Und das wiederum wirkt sich auf unsere Essgewohnheiten aus: Während z. B. Gerichte mit Fleisch vor sechs Jahrzehnten noch eine Besonderheit waren, die es meist nur einmal pro Woche gab (etwa den berühmten Sonntagsbraten), ist unser Fleischverbrauch seither drastisch gestiegen: Deutsche Männer verzehren jährlich im Schnitt ca. 58 kg Fleisch – das ist mehr als ein Kilo pro Woche! Frauen kommen immerhin noch auf 30 kg. Dadurch entstehen nicht nur mehr gesundheitliche Probleme durch Überkonsum und ein größerer Druck auf die Hersteller, die Waren noch massenhafter in noch größeren Betrieben und mit noch schlechteren Lebens- und Arbeitsbedingungen zu produzieren, sondern dieser billige Überfluss ist vor allem global gesehen ein Skandal:

 Ein Drittel aller Lebensmittel wird weggeworfen oder vernichtet, während fast 800 Millionen Menschen weltweit Hunger leiden.

Das heißt, dass weltweit gesehen alle zehn Sekunden ein Kind an den Folgen von Mangelernährung stirbt und eine von neun Personen jeden Tag hungrig ist. All diese könnten jedoch allein mit den 300 Millionen Tonnen Essen, die in den reichen Ländern jährlich in den Müll wandern, ernährt werden.

Warum geschieht das nicht? Die Gründe dafür sind vielfältig – und haben alle mit wirtschaftlichen Interessen zu tun. Der von den reichen Ländern dominierte Welthandel sorgt dafür, dass die Industrienationen ihre Nahrungsüberschüsse in die sogenannten Entwicklungsländer exportieren und dort billig verkaufen können. Lokale Märkte haben dadurch keine Chance mehr und werden nach und nach zerstört. Und während Agrarerzeugnisse im Westen reichlich subventioniert werden, wird gleichzeitig darauf gedrängt, dass es in den ärmeren Ländern solche Subventionen nicht gibt. So werden Länder von Importen abhängig gemacht, die gleichzeitig durch westliche Handelsbarrieren viel schwieriger eigene Produkte exportieren können. Diese Strukturen stammen noch aus der Kolonialzeit, in der die westlichen »Eroberer« den Kolonien ihre eigenen Produkte aufzwangen und dort gleichzeitig riesige Flächen von Land zu Monokulturen für begehrte Exportartikel wie Kaffee oder Kakao umwidmeten.

Die heute immer noch existierenden Monokulturen bringen viele Länder aufgrund einer neuen Problematik zusätzlich in Schwierigkeiten. Denn seit einigen Jahren wird auf den internationalen Finanzmärkten verstärkt Nahrungsmittelspekulation getrieben, bei der, vereinfacht gesagt, auf die Preise von Nahrungsrohstoffen gewettet wird. Wenn diese dadurch drastisch steigen oder fallen, hat das vor allem für Länder mit nur einem »Exportschlager« oder einer eingeschränkten Landwirtschaft dramatische Folgen, zumal in ärmeren Ländern viele Menschen bis zu 70 % ihres Einkommens für Nahrung ausgeben müssen, wohingegen es bei uns im Schnitt nur 13 % des Einkommens sind.

Aber auch die Praxis des »Landgrabbings«, also der aggressiven, mitunter sogar illegalen Inbesitznahme großer Landflächen, ist für den Welthunger mit verantwortlich. Finanzstarke Staaten oder private Investoren kaufen große Mengen an Boden in ärmeren Ländern, auf denen sie dann in Monokulturen selbst benötigte oder gewinnträchtige Rohstoffe anbauen. So werden lokale Landwirtschaftsstrukturen zerstört, Wald wird gerodet und Wasser knapp.

 Immer häufiger werden solche Äcker auch dafür verwendet, um Nahrungsmittel wie Mais anzubauen, die dann aber für Biokraftstoffe genutzt werden.

Die Handlungsmöglichkeiten für Bäuerinnen und Bauern in den Ländern des Globalen Südens werden zusätzlich dadurch eingeschränkt, dass es mittlerweile einige wenige mächtige Player auf dem Weltmarkt gibt, die Patente auf Saatgut besitzen. Während früher Landwirtinnen und Landwirte einen Teil der Ernte zurückbehielten, um daraus Samen für die nächste Aussaat zu gewinnen, wurde der Prozess nach und nach rationalisiert, um die Erträge zu steigern. So kommen heute die drei größten Züchter – Monsanto, DuPont und Syngenta – auf einen Anteil von 53 % beim weltweiten Markt für Nahrungssaatgut, von dem eine wachsende Zahl von Bäuerinnen und Bauern abhängig ist. Die

Agrargroßkonzerne versprechen mit oft gentechnisch verändertem Hochleistungssaatgut maximale Erträge. Darunter auch das sogenannte Hybridsaatgut, das so verändert ist, dass spätere Generationen des Saatguts nur noch einen Bruchteil des Ertrags der ersten Generation abwerfen. Das zwingt die Bauern dazu, jedes Jahr neues Saatgut zu kaufen. Die großen Player melden außerdem immer mehr Patente auf gentechnisch veränderte, aber auch auf konventionelle Züchtungen an. Das kann dazu führen, dass Bauern, auf deren Felder diese patentierten Samen nur durch Windverwehungen gelangten, von Firmen wie Monsanto – erfolgreich! – auf Schadenersatz verklagt werden.

Aufgrund all dieser Entwicklungen werden die Forderungen nach einem Konzept der »Ernährungssouveränität« immer lauter. Nicht internationale Märkte oder Konzerne sollten demnach das Geschehen bestimmen, sondern das nachhaltige Wohlergehen der jeweiligen Bevölkerung. Statt einer industrialisierten, auf Export ausgerichteten Agrarwirtschaft sollten die Ressourcen, ökologisch und ohne Gentechnik, so fair geteilt werden, dass die Allgemeinheit davon profitiert. Denn eines ist klar: Nur, wenn die Ungerechtigkeit, dass die Ärmsten teuer und die Reichsten billig essen, gestoppt wird, kann eine global nachhaltige Versorgung aller mit ausgewogener Nahrung erreicht werden.

NAHRUNG

WAS JETZT: BIO, FAIR, REGIONAL – ODER ALLES ZUSAMMEN?
EIN KLEINER WEGWEISER DURCH DAS SIEGEL-DICKICHT

Wer nachhaltig einkaufen möchte, steht im Laden vor einer echten Herausforderung: Wie soll man sich angesichts der vielen verschiedenen Gütesiegel, die Produkte als bio, fair, regional, gentechnikfrei oder alles gleichzeitig anpreisen, überhaupt noch auskennen?

ittlerweile gibt es in Deutschland eine mindestens dreistellige Anzahl verschiedenster Siegel, die Auskunft über die Herstellungsart eines Nahrungsmittels geben. Auf den Produkten prangen beispielsweise Logos wie das MSC-Siegel für Fisch und Meeresfrüchte aus umweltgerechter Fischerei, das Zeichen von Ecovin weist auf Wein aus ökologischem Anbau hin, und der TÜV prüft Fleisch auf Hormongaben und Schimmelpilzgifte. Zusätzlich zu den geprüften Labels kursieren viele Schlagworte, wie »aus nachhaltigem Anbau«, »besonders umweltschonend« oder »naturnah«, die nichts als Werbefloskeln sind und in keiner Verbindung zu einem kontrollierten Prüfverfahren stehen. Da ist es schwer, herauszufinden, welche Angaben und welches Siegel für die eigenen Einkäufe relevant erscheinen und welchen man am meisten vertrauen möchte.

Bei den geprüften Siegeln, wie z. B. Bioland, UTZ Certified oder Institut Fresenius, wird immer wieder kritisiert, dass sie in fast allen Fällen nur eine freiwillige Selbstverpflichtung von Herstellern sind – dauerhaft und verbindlich Klarheit schaffen könnten in diesem Zusammenhang nur staatliche Kontrollinstanzen mit den entsprechenden Gütesiegeln. Staatliche Siegel im Bereich Lebensmittel existieren bis jetzt jedoch nur zwei: das deutsche Bio-Siegel, das 2001 eingeführt und ab 2010 durch das EU-Bio-Siegel, das die gleichen Kriterien hat, ersetzt wurde (das deutsche Bio-Siegel ist aber nach wie vor auf mehr als 60 000 Produkten aufgedruckt, weil es bekannter ist). Daneben gibt es seit 2009 die grüne »Ohne Gentechnik«-Raute.

Mindestens einmal pro Jahr wird jeder für das Bio-Siegel angemeldete Betrieb überprüft, und als Konsumentin oder Konsument kann man davon ausgehen, dass hier die ökologischen Mindeststandards eingehalten werden – auch wenn es Schlupflöcher gibt: So dürfen 5 % der verwendeten Zutaten aus konventionellem Anbau stammen, und auch der Wasserverbrauch in der Produktion wird nicht im Sinne einer nachhaltigen Wirtschaftsweise überprüft. Das Anti-Gentechnik-Gütezeichen ist für pflanzliche Erzeugnisse nahezu wasserdicht, doch bei tierischen Produkten gibt es Lücken: Beispielsweise dürfen Tiere zu Beginn ihres Lebens, in einem gewissen Zeitraum vor der Schlachtung, mit gentechnisch veränderten Lebensmitteln gefüttert worden sein.

Daneben finden sich weitere Labels der privaten Bioverbände, wie Demeter, Bioland, Naturland oder Alnatura, die eigene und oft strengere Kriterien anlegen als die EU-Verordnung: Die Tiere bekommen z. B. mehr Auslauf, oder es dürfen keinerlei Kunstdünger verwendet werden.

Viele Supermarktketten haben mittlerweile ihre eigenen Biolinien, die häufig deutlich billiger sind als die klassische Bioware aus dem Reformhaus oder dem Bioladen. Die Produkte erfüllen in der Regel aber nur die Mindestansprüche des EU-Bio-Siegels – und die Supermarktketten können diese Standards auch jederzeit senken, ohne die Verbraucher darüber zu informieren.

Daneben gibt es weitere Prüfverfahren, die mit einem Siegel gekennzeichnet werden, wie jenes des Instituts Fresenius, des TÜV oder der DLG (Deutsche Landwirtschafts-Gesellschaft), und die häufig strenger sind als die staatlichen Vorgaben – aber auch

hier gilt: Es gibt keine gesetzliche Verbindlichkeit zu den Standards.

Kennzeichnungen für regionale Waren sind ebenso im Umlauf, wie z. B. das blau-weiße »Regional«-Etikett des Ministeriums für Verbraucherschutz oder die »geschützte Ursprungsbezeichnung« (g. U.), die darüber informieren, wo ein Produkt hergestellt wurde – und wie lang der Weg war, den das Produkt bis in den Supermarkt zurücklegen musste.

Wer vor allem auf gute Arbeitsbedingungen auf globaler Ebene Wert legt, sollte auf Auszeichnungen für fairen Handel achten, also Logos wie Fairtrade, Rainforest Alliance oder UTZ Certified. Aber auch hier kann man nicht mit Sicherheit davon ausgehen, dass die Menschen, die unter diesen Labels z. B. Bananen, Kaffee oder Kakao anbauen, tatsächlich einen lebenssichernden Lohn erhalten und/oder nicht auf mit Pestiziden belasteten Plantagen arbeiten müssen.

Das Pro-Planet-Label des Rewe-Konzerns geht noch einen Schritt weiter und versucht, Nachhaltigkeit in einem fünfstufigen Prüfprozess zu garantieren: Nicht nur ökologische und soziale Kriterien spielen hier eine Rolle, sondern z. B. auch die Auswirkungen auf die pflanzliche und tierische Artenvielfalt. Aber auch hier gibt es nur so viel Transparenz und Sicherheit, wie der Konzern es selbst wünscht, und damit keine ultimativen Garantien für die Kundinnen und Kunden.

Auf den Wunsch vieler Konsumentinnen und Konsumenten, endlich ein 100%ig verlässliches Siegel zu haben, das alle Aspekte von Nachhaltigkeit in der Produktionskette abdeckt, reagiert die Verbraucherschutzorganisation »foodwatch« auf ihrer Website www.foodwatch.org wie folgt: »Seriös wäre ein foodwatch-Gütesiegel nur, wenn wir kontinuierlich alle Aspekte eines Produktes und seiner Herstellung kontrollieren, dokumentieren und bewerten würden: Nährwertgehalt, Zusatzstoffe, Herkunft der Zutaten, Arbeitsbedingungen in der Produktion, Umwelt- und Klimabilanz, Hygienebedingungen, Gentechnik-Einsatz, Tierhaltungsstandards, Ehrlichkeit der Werbeaussagen und, und, und ...«

Doch »der damit verbundene Recherche- und Testaufwand« wäre für keine Organisation zu leisten, sodass auch »foodwatch« nur für bessere staatliche Kontrollen und gesetzliche Regelungen plädieren kann. Es hilft also nichts: Wer dauerhaft verantwortungsbewusst einkaufen will, sollte sich regelmäßig auf Websites wie www.lebensmittelklarheit.de, www.label-online.de und bei den einschlägigen Infoportalen wie z. B. »foodwatch«, »Verbraucherzentrale« oder »aid infodienst« informieren – und dann eigene Entscheidungen daraus ableiten.

DER UNSICHTBARE DAUERGAST
PALMÖL UND SEINE VERHEERENDE WIRKUNG

Interview mit
Christiane Zander,
Rettet den Regenwald e. V.

Was ist Palmöl und wo steckt es überall drin?

Palmöl wird aus den orange-roten Früchten der Ölpalme gepresst. Sie ist eine tropische Pflanze, wächst bis zu 30 Metern hoch und stammt ursprünglich aus Westafrika. Palmöl ist aus unserem Alltag nicht mehr wegzudenken – jedes zweite Produkt aus dem Supermarkt enthält dieses tropische Pflanzenöl! Dafür gibt es vor allem zwei Gründe: Palmöl ist das weltweit billigste Pflanzenöl und aufgrund seiner chemischen Eigenschaften vielseitig einsetzbar. Den größten Anteil verschlingt die Lebensmittelindustrie, denn Palmöl ist im Gegensatz zu anderen Pflanzenölen bei Zimmertemperatur fest und nicht flüssig. Durch den hohen Schmelzpunkt (ca. 26 °C) bleiben Produkte, die Palmöl enthalten, cremig und streichfähig. Und so finden wir es in Margarine, Tiefkühlpizza, Fertiggerichten, Speiseeis, Keksen, Schokocreme, Müsliriegeln, Chips. Es steckt sogar in Brühwürfeln und Tütensuppen – Produkten, die gar kein zusätzliches Fett benötigen. Die chemische Industrie verarbeitet Palmöl in Reinigungsmitteln und Kosmetika. Schließlich fließt Palmöl in Blockheizkraftwerke und wird als sogenannter Biosprit dem fossilen Dieselkraftstoff beigemischt.

Wo und wie wird Palmöl angebaut?

Als Tropenpflanze wächst die Ölpalme in den Ländern rund um den Äquator – und zwar auf schätzungsweise 240 000 km². Das sind knapp zwei Drittel der Fläche Deutschlands. Die weitaus größten Anbauländer sind Indonesien und Malaysia – sie liefern zusammen knapp 90 % des weltweit gehandelten

Palmöls. Die Ölpalmen werden in riesigen Monokulturen angebaut: Palmölwüsten mit Millionen identischer Bäume. Damit sie ertragreich sind, werden sie mit chemischen Dünge- und Pflanzenschutzmitteln besprüht.

Was ist das Gefährliche an diesen riesigen Flächen?

Ölpalmen wachsen nur dort, wo auch der Regenwald wächst, und so wird ein Urwaldriese nach dem anderen gefällt. Laut den Vereinten Nationen sind die Palmölplantagen der Hauptgrund für die Naturzerstörung in Indonesien und Malaysia. Das ist nicht nur für die Menschen, die von ihrem Land vertrieben werden, eine Katastrophe, sondern auch für Flora und Fauna: Tropische Regenwälder sind die artenreichsten Lebensräume der Erde – mit rund der Hälfte aller Tier- und Pflanzenarten. Mit den Wäldern verlieren wir also auch schon jetzt bedrohte Arten für immer, wie z. B. Orang-Utans, Sumatra-Tiger, Sumatra-Nashörner oder Zwergelefanten. Und auch unser Klima leidet unter der fortschreitenden Abholzung. Denn mit den Tropenwäldern schrumpft nicht nur die »grüne Lunge« unseres Planeten. Bei der Rodung, und vor allem der Brandrodung, entweicht extrem viel Kohlendioxid, das unser Klima weiter anheizt. Werden die Plantagen später gedüngt, entweichen große Mengen Lachgas, und das ist noch etwa 300-mal schädlicher als CO_2.

Gibt es keinen nachhaltigen Anbau von Palmöl?

Nachhaltig wird die Ölpalme wohl nur von den Kleinbauern in Westafrika genutzt – in der Urheimat dieser Pflanze. Dort wachsen auf jedem Bauernhof ein paar Ölpalmen, die die Familien genauso zum täglichen Leben anbauen wie Obstbäume, Getreide und Gemüse. Sobald die Ölpalme aber nicht mehr für den Eigenbedarf gepflanzt wird, sondern auf großen Plantagen, kann man das nicht mehr nachhaltig nennen. Schon gar nicht, wenn dafür Regenwälder gerodet und Menschen von ihrem Land vertrieben werden.

Ist der Verzehr von Palmöl für Menschen bedenklich?

Schon seit mehreren Jahren ist bekannt, dass Palmöl und Palmfett gesundheitsschädlich sein können. Denn bei der industriellen Verarbeitung entstehen verschiedene gefährliche Schadstoffe (Glycidyl-Fettsäureester) – vor allem, wenn die Pflanzenöle bei hoher Temperatur raffiniert werden. Das bestätigten auch die Lebensmittelexperten des Bundesamtes für Risikobewertung im ZDF-Magazin WISO im November 2015: »Einige dieser Stoffe sind giftig für Nieren, Leber und Hoden.« Andere seien krebserregend, so die Lebensmittelexperten. Auch die Europäische Lebensmittelbehörde (EFSA) hat Anfang Mai 2016 vor den gesundheitlichen Risiken durch Palmöl gewarnt.

Wenn ich auf Palmöl verzichten möchte – gibt es überhaupt Alternativen für mich im Supermarkt?

Ja, die gibt es – allerdings muss man schon ziemlich lange suchen. Inzwischen müssen auf den Lebensmitteln die Inhaltsstoffe zum Glück genau angegeben werden. Eine Smartphone-App macht die Suche leichter: »PoP – Produkte ohne Palmöl«. Hinter der App steckt die Kampagne »ZeroPalmöl« der Organisation »Safe Wildlife«. Produkte ohne Palmöl findet man auch auf ihrer Website: www.zeropalmoel.de/datenbank. Übrigens: Selbst kochen mit frischen Produkten aus der Umgebung und mit heimischen Pflanzenölen aus Sonnenblumen, Raps oder Oliven macht Spaß, ist gesund und hundertprozentig palmölfrei. Rezepte für palmölfreie Schokocreme, Eis und viele spannende Regenwald-Infos gibt es zum Beispiel auf der Schülerseite www.abenteuer-regenwald.de.

Christiane Zander arbeitet als Journalistin für den Hamburger Verein »Rettet den Regenwald e. V.« und konnte sich auf mehreren Indonesienreisen selbst ein Bild von der verheerenden Ausbreitung der Palmölplantagen machen.

KANN MEIN TELLER DIE WELT RETTEN?
MODERNE ERNÄHRUNGSSTILE IM CHECK

Für jeden Geschmack, für jede körperliche Verfassung und für jeden Lebensstil scheint es heute eine eigene Ernährungsweise zu geben: ob gluten- oder lactosefrei, frutarisch, vegan oder vegetarisch, Steinzeit- oder Low-Carb-Diät. Doch wie nachhaltig sind diese Essstile?

Essen ist Lifestyle. Die Begeisterung für ästhetisches Speisen hat bereits einen Punkt erreicht, an dem sorgfältig komponierte Instagram-Essensfotos scherzhaft als »Food Porn« bezeichnet werden, also als Nahrungspornografie. Während Nahrung auf der einen Seite immer günstiger und wertloser wird, betreiben auf der anderen Seite Personen, die es sich leisten können, einen richtigen Kult um ihr Essen, den sie sich auch gern etwas kosten lassen. Einerseits ist das eine positive Entwicklung, die im besten Fall dazu führt, dass nicht mehr ganz so achtlos mit der Ressource Nahrung umgegangen wird. Andererseits liegt es nicht unbedingt in der Natur von Lifestyle-Modetrends, besonders nachhaltig zu wirken. Was heute als Nonplusultra einer zeitgemäßen, gesunden Ernährung gilt, kann morgen schon wieder durch neue, (pseudo)wissenschaftliche Ergebnisse verdrängt werden. Bei manchen Personen führt dieser Überfluss an ständig neuen Informationen sogar zu einer Essstörung namens »Orthorexia nervosa«, die auch als »Orthorexie« bekannt ist: das Bestreben, sich möglichst »gesund« zu ernähren – wobei natürlich nie definitiv bestimmt werden kann, was das

PALÄO-DIÄT

überhaupt bedeutet. Viele der Betroffenen dieser Störung, die medizinisch übrigens (noch) nicht als Krankheit anerkannt ist, sind so überfordert von all den vermeintlichen Regeln, die es zu beachten gilt, dass sie lieber gar nichts essen.

Für zahlreiche dieser Essensphilosophien gilt tatsächlich, dass sie in erster Linie der menschlichen Gesundheit dienen sollen. Der Verzicht auf das Klebeeiweiß Gluten, das in den meisten Getreidesorten enthalten ist, oder auf den in Milchprodukten enthaltenen Milchzucker Lactose ist medizinisch nur für die Menschen notwendig, bei denen eine entsprechende Unverträglichkeit festgestellt wurde. Doch auch andere haben den Eindruck, dass sie sich mit gluten- bzw. lactosefreier Ernährung irgendwie besser, fitter und gesünder fühlen. Anhängerinnen und Anhänger der Steinzeitküche, auch Paläo-Diät genannt, glauben, dass sich der menschliche Organismus seit der Steinzeit nicht verändert habe und dass wir deswegen nur das essen sollten, was es vor 20 000–10 000 Jahren vor unserer Zeit schon gab – also z. B. Wildfleisch, Fisch, Obst, Gemüse, Pilze und Kräuter, und keine Zucker-, Getreide- oder Milchwaren. Fans von Low Carb, die sich dadurch meist eine Gewichtsreduktion versprechen, verzichten möglichst auf Kohlenhydrate (engl. Carbohydrates) und essen hauptsächlich Gemüse, Milchprodukte, Fisch und Fleisch, wobei das darin enthaltene Fett die Nährwerte der »Carbs« ersetzen soll. Die gesundheitsfördernde Wirkung all dieser Diäten ist umstritten, klar ist jedoch, dass sie keinen ethischen oder ökologischen Hintergrund haben: Es geht in der Regel nicht um die Rettung der Welt, sondern um die Optimierung des eigenen Körpers.

Es gibt jedoch aktuell Ernährungsformen, die einen höheren Nachhaltigkeitsfaktor vorweisen können: Der Frutarismus oder Fruganismus, den auch Gandhi einige Jahre praktizierte und dem wegen der extremen Einschränkungen weltweit nur sehr wenige Menschen anhängen, will auf jede Form von Nahrung ver-

VEGANER

zichten, die in irgendeiner Weise todbrin-
gend in der Natur wirkt. Daher ist nur der
Verzehr pflanzlicher Erzeugnisse erlaubt, der
die Pflanze selbst nicht beschädigt: (herunter-
gefallenes) Obst, Nüsse, Samen, abgestorbenes
Getreide. Ähnliche Motive finden sich auch bei
der sehr viel populäreren vegetarischen oder bei
der veganen Kost, wo komplett oder zum Großteil auf tierische Produkte verzichtet wird. Aus
verschiedensten Gründen – aus ethischen, mora-
lischen, ökologischen, ökonomischen, gesundheitlichen Gründen – essen Vegetarierinnen und Vegeta-

FRUTARIER

rier nichts, was direkt von einem getöteten Tier stammt, und
Veganerinnen und Veganer überhaupt nichts, was direkt oder
indirekt von einem Tier stammt, also auch keine Lebensmittel
aus Milch oder Ei und manchmal auch keine aus Honig. Was
die Nachhaltigkeitsbilanz angeht, sprechen die Zahlen hier eine
deutliche Sprache: Es wird mittlerweile in allen Ratgebern darauf hingewiesen, dass die Bevorzugung pflanzlicher Lebensmittel einen großen Beitrag zum Klimaschutz leistet.

Denn Fleischerzeugnisse sind für rund 40 % aller
ernährungsbedingten Treibhausgasemissionen verantwortlich, Milcherzeugnisse für ca. 24 %, Obst
und Gemüse jedoch nur für etwa je 6 % und 4 %. Auch verbrauchen pflanzliche Lebensmittel im Anbau deutlich weniger Fläche und Wasser und somit auch weniger Energie.

Doch nicht alle vegetarischen bzw. veganen Lebensmittel sind
auch bio, fair oder verzichten auf lange Transportwege: Beliebte
vegane Ersatzstoffe wie Soja und Reis werden in weit entfernten
Ländern unter oft miserablen Arbeitsbedingungen in Monokulturen angebaut. Daher sollten auch Menschen, die sich vegetarisch oder vegan ernähren, alle Nachhaltigkeitsaspekte im Blick
behalten.

NAHRUNG

ESST HÄSSLICHES GEMÜSE!
WARUM KOMISCH GEFORMTE LEBENSMITTEL BESONDERS WERTVOLL SEIN KÖNNEN

Was sind denn bitte »Culinary Misfits«, also »Essensaußenseiter«?

Interview mit
Tanja Krakowski,
Culinary Misfits

Als Außenseiter wird heute jedes Obst oder Gemüse behandelt, das nicht groß genug oder zu groß ist, zu krumm, zu knubbelig, das einen kleinen Makel auf der Schale hat, eine winzige harmlose Narbe – also alles, was nicht so perfekt scheint und nicht der Norm entspricht, wie z. B. dreibeinige Möhrchen. Für uns sind »Culinary Misfits« auch alte Sorten, die man nicht so einfach in jedem Supermarkt bekommt, schmackhaftes Gemüse wie z. B. Pastinaken oder Topinambur.

Was haben die Leute denn gegen diese ungewöhnlichen Formen?

Konsumentinnen und Konsumenten sind seit einigen Jahrzehnten einfach nichts anderes mehr gewöhnt aus den Supermärkten! Sie sind darauf konditioniert, dass alles kerzengerade und in sterilen Plastikbehältern abgepackt daherkommt. Da ist man dann schon mal erstaunt, wenn das nicht mehr so ist und man mit der ganzen Vielfalt der Natur konfrontiert wird, die man vielleicht schon lange nicht mehr gesehen hat – oder vielleicht sogar noch nie. Dabei ist es ganz normal, dass Sachen auch mal krumm wachsen.

Denken die Konsumentinnen und Konsumenten, die Sachen seien minderwertig, wenn sie anders aussehen oder einen Fleck haben?

74

Ja, es kann sein, dass sie gar nicht mehr wissen, was ein Anzeichen dafür ist, dass etwas wirklich nicht mehr gut, und was eine harmlose Narbe von einem Ast oder Hageleinschlag ist. Manche denken dann wirklich, da ist eine Krankheit in den Möhren, wenn sie knubbelig sind.

Dabei sind mit Pestiziden hochgezüchtete Einheitssorten oft vermutlich viel weniger gesund ...
Genau, und die kerzengeraden Obst- und Gemüsesorten im Plastikbehälter haben oft nicht mehr so viel Geschmack wie die weniger normierten Sorten.

Wie wird in der Massenproduktion mit den Misfits verfahren?
Das ist je nach Betrieb unterschiedlich. Ein Bauer, den wir kennen, verkauft beispielsweise krumme Möhren als 20-kg-Futtersäcke an Pferdehalter aus der Gegend. Manches wird gleich auf dem Feld aussortiert und untergepflügt, was man aber nur bis zu einem gewissen Grad machen kann, weil der Boden sonst nichts mehr aufnehmen kann. Wir haben aber auch schon erlebt, dass tonnenweise Kartoffeln oder Rote Bete herumstanden, die komplett entsorgt werden mussten, weil sie keinen Abnehmer fanden. Manchmal gehen 10 % der Ernte verloren, manchmal bis zu 60 oder 70 %, weil es z. B. starken Hagel gab. Wir finden es wichtig, gerade an solchen Stellen zuzugreifen, denn das Gemüse ist ja durch die anderen Formen nicht schlecht – und der Bauer hat genauso viele Ressourcen und Arbeit aufgewendet, um es zu produzieren, wie bei dem, das hinterher vielleicht keine Flecken und perfekte Formen hat.

Was können wir von Misfits lernen?
Wenn man sich bemüht, sie zu kaufen oder zu finden, geht das meist damit einher, dass man so direkt wie möglich vom Erzeuger kauft, auf dem Bauernhof oder dem Markt, da kriegt man wieder ein gutes Gefühl dafür, was um uns

herum überhaupt wächst und wann es wächst und wie es
schmeckt und was es überhaupt für Sorten gibt, die sich
nicht in jedem Supermarkt finden lassen. Da verbergen sich
auch Geschmäcker, die man vielleicht noch nicht kennt und
die ganz großartig sind.

In Frankreich gab es bereits vor einigen Jahren eine große
Kampagne, mehr »légumes moches«, also hässliches Gemüse,
zu essen. Wurden Sie davon beeinflusst?

Das hat uns natürlich alles beeinflusst, auch der Film »Taste
the Waste«. Wir kommen eigentlich beide von einem Pro-
duktdesignhintergrund, wobei wir uns immer auch mit
Nachhaltigkeit auseinandergesetzt haben und darüber zum
Thema Esskultur gelangten. Wenn man sich mit Esskultur
beschäftigt, merkt man schnell, dass es überhaupt keine
Wertschätzung mehr für Lebensmittel gibt. Alles muss 24/7
zur Verfügung stehen und daraus entsteht auch die Überproduktion. Hinzu kommt, dass viele gar nicht mehr selbst
kochen.

Unser Aktivismus ist ursprünglich aus dem Design heraus entstanden. Dann haben wir uns dafür entschieden,
damit auf die Straße zu gehen und zu sagen, was es da alles
Schönes an Vielfalt gibt und dass alle mitmachen sollen. Das
war eigentlich gar kein Geschäftsmodell, sondern eher eine
Aktion, die sich in ein Geschäft verwandelt hat.

Was war das ungewöhnlichste Misfit, das Ihnen je unterge-
kommen ist?

Für mich ist es immer noch eine Möhre, die ungelogen ca.
20 Finger hatte! Oder sich umarmende Möhren, laufende
Möhren, obszöne Möhren. Manchmal war es eine Herausforderung, sie überhaupt zu verkochen, weil sie so toll aussa-
hen, aber letztendlich haben wir dann doch alles verwertet.

Tanja Krakowski bietet gemeinsam mit Lea Brumsack in
Berlin-Kreuzberg unter dem Namen »Culinary Misfits« Work-
shops und Dinnerformate mit »Essensaußenseitern« an.
www.culinarymisfits.de

NAHRUNG

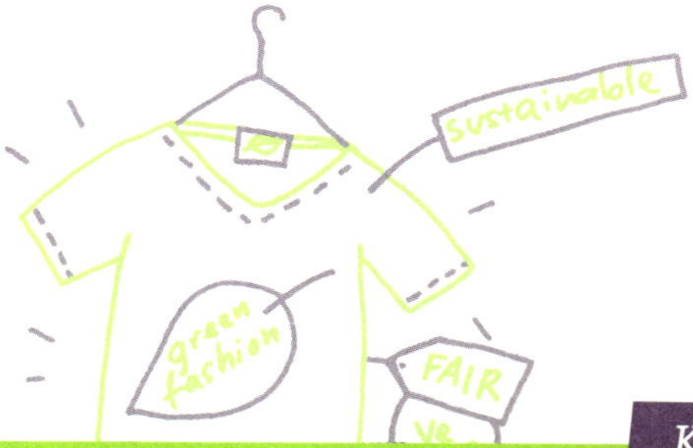

Kapitel 4

KLEIDUNG

> *schnelle Mode und Schnäppchenangebote*
> *Arbeitsrechte von Näherinnen*
> *fair und bio? Greenwashing*
> *Tauschen statt Kaufen*
> *ein Shirt für 30 Jahre*

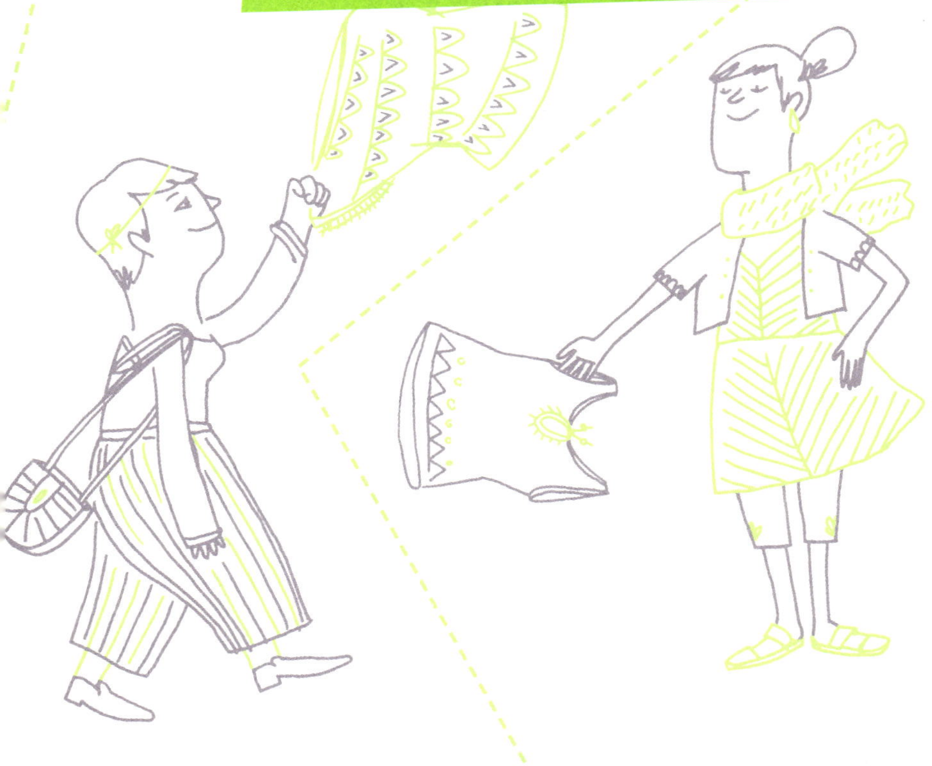

EINKAUFEN, IN DEN SCHRANK HÄNGEN – WEGWERFEN
IM ZEITALTER DER »FAST FASHION«

*Noch nie in der Geschichte der Menschheit haben wir so
viele Kleidungsstücke besessen wie heute. Kleidung ist
in westlichen Ländern zu einem billigen Wegwerfartikel
geworden. Welche Entwicklungen haben zu diesem Trend
einer immer schnelllebigeren »Fast Fashion« geführt und
welche Zahlen verbergen sich dahinter?*

er weiß, vielleicht waschen sie ihre Kleider einfach nicht gerne?«, fragt eine junge Arbeiterin in einer nordindischen Recyclingfabrik in die Kamera. In der kurzen und vielfach preisgekrönten Dokumentation »Unravel« aus dem Jahr 2012 verfolgt die Regisseurin Meghna Gupta das ungläubige Staunen der meist weiblichen Arbeiterinnen in den Hunderten Fabriken der kleinen Industriestadt Panipat angesichts der gigantischen Berge weggeworfener Textilien, die sie jeden Tag aus dem Westen erreichen. Laster um Laster mit Kleidungsmüll wird bei ihnen ausgekippt, der von ihnen an veralteten Gerätschaften wieder zu Garn verarbeitet wird.

Während sich diese Frauen beim besten Willen nicht vorstellen können, was westliche Konsumentinnen und Konsumenten mit solchen Massen an Klamotten anfangen bzw. warum sie so viele davon ohne sichtbare Abnutzungsspuren wegwerfen, haben die meisten Leute bei uns keinerlei Vorstellung mehr davon, wie viel menschliche Arbeit in einem einzelnen Kleidungsstück steckt. Der riesige Aufwand, der z. B. rund um die Baumwolle betrieben werden muss, bis aus ihr so etwas vermeintlich Simples wie ein schwarzes T-Shirt wird – sie muss gepflanzt, gepflegt, gepflückt, entkörnt, gekämmt, gezwirnt, gefärbt, zu Stoff gewoben, zugeschnitten, genäht und dann verschickt werden –, ist für uns unsichtbar. Wir sehen nur das fertige Produkt, das häufig für wenige Euro auf dem Grabbeltisch liegt.

Eine unfassbare Menge von rund 80 Milliarden Kleidungsstücken wird jährlich auf der ganzen Welt produziert, 800 000 Tonnen Textilien davon werden nach Deutschland geliefert. Jeder Deutsche besitzt heute ungefähr viermal so viel Kleidung wie noch im Jahr 1980 – und zwar im Durchschnitt 95 Teile, ohne Unterwäsche und Socken. Ein Drittel der Konsumentinnen und Konsumenten hat aber weit mehr im Schrank, und zwar über 300 Kleidungsstücke. Es werden im Schnitt 27 kg neue Kleidung im Jahr gekauft – das sind ungefähr 60 Teile, von denen nur die Hälfte überhaupt regelmäßig getragen wird – und ca. 14,8 kg werden weggeworfen.

Von diesem Altkleider-»Abfall« werden 50 % (gewinnbringend!) als Recyclingware in ärmere Länder weiterverkauft, 40 % werden zu Textilien mit minderer Qualität, wie Putzlappen, weiterverarbeitet, und 10 % können nur noch verheizt oder als Sondermüll behandelt werden.

Auffällig ist, dass sich trotz der massiven Steigerung der Einkäufe die Ausgaben für Kleidung kaum erhöht haben – 1991 gaben die Deutschen 58,31 Milliarden Euro für Kleidung aus, 2015 waren es 62,46 Milliarden.

Wie konnte es zu diesen unglaublichen Steigerungen kommen, die zu den am Anfang beschriebenen Müllbergen führen? Der Ursprung der heutigen »schnellen Mode« liegt in einer eigentlich erfreulichen Entwicklung in der Mitte des letzten Jahrhunderts, als der Zugang zu modischer Kleidung demokratisiert wurde. Mode war nun nicht mehr wie in den vorangegangenen Jahrhunderten das Vorrecht einer reichen Elite, die sich die sündhaft teuren handgenähten Haute-Couture-Entwürfe berühmter Designer leisten konnte, sondern durch gesellschaftlichen Wandel einerseits und moderne industrielle Herstellungsverfahren andererseits konnte sich nun ein breiter Teil der Bevölkerung mit massengefertigter Ware modisch und schick anziehen. Durch die Globalisierung des Welthandels wurde die Herstellung von Textilien ab den 1960er-Jahren immer stärker in ärmere Länder verlagert, wo die Produktionskosten durch geringere Löhne und Umweltstandards drastisch gesenkt wurden. Um die Nachfrage nach der billigen Mode immer weiter anzuheizen, begannen die großen Ketten damit, nicht mehr, wie früher üblich, sich auf die Trends der zwei großen Modeschauen für die Winter- und die Sommersaison zu beziehen, auf denen große Marken traditionell ihre neue Kollektionen vorstellten. Stattdessen wurden ab den 1980er-Jahren mit dem Modell der »quick response«, also der schnellen Reaktion, Modetrends zeitnah wahrgenommen und in die Läden gebracht.

Ab den Nullerjahren wurde dieses Konzept, mit dessen Hilfe rasend schnell Trends kopiert werden konnten, als »Fast Fashion« bekannt – was eben noch auf einem Laufsteg zu sehen war, konnte kurz danach schon als billige Kopie in einem Shop hängen. Große Hersteller wie H&M und Zara sind dafür bekannt, dass sie statt zwei oder vier bis zu 24 neue Kollektionen pro Jahr entwerfen lassen oder ihre Läden
zweimal wöchentlich mit neuer

Ware beliefern, um die Nachfrage nach neuen Looks ständig anzuheizen.

Dass diese Kleidungsstücke weder qualitativ hochwertig (und damit im Sinne einer geplanten Obsoleszenz nur äußerst kurzlebig sind) noch in irgendeiner Weise fair hergestellt sind – was übrigens in den meisten Fällen auch für die höherpreisigen Waren von »edleren« Labels gilt –, ist den meisten von uns mittlerweile durch viele Aufklärungskampagnen wie »Who made your clothes«, »Untragbar« oder »Check your brand« zwar durchaus bewusst, doch wir verdrängen es allzu gern, solange all die damit verbundenen Auswirkungen für unsere Augen unsichtbar bleiben.

13 CENT FÜR EIN T-SHIRT
LADENVERKAUFSPREISE UND LÖHNE
IM VERHÄLTNIS

Die schrecklichen Bilder vom Einsturz der Textilfabrik Rana Plaza in Bangladesch im April 2013 sind bis heute ein Sinnbild für die unmenschlichen Arbeitsbedingungen in der Kleiderproduktion. Was läuft schief in der Herstellung und im Verkauf von Mode?

m Morgen des 24. April 2013 gingen die Näherinnen in der kleinen Stadt Sabhar wie gewöhnlich zur Arbeit – trotz der großen Ängste. Denn in dem achtgeschossigen Fabrikgebäude Rana Plaza, auf dem gerade illegal ein neuntes Stockwerk errichtet wurde, waren am Tag zuvor Risse entdeckt worden. Die Polizei hatte daher den Zutritt gesperrt, doch die Vorgesetzten zwangen die Arbeiterinnen mit Kündigungsandrohungen und Stockschlägen an die Maschinen. Gegen 8.30 Uhr fiel der Strom aus, um 9 Uhr stürzte das Gebäude ein. 1138 Menschen starben, fast 2500 wurden verletzt. Viele der Überlebenden sind dauerhaft versehrt oder traumatisiert worden, sodass sie heute nicht mehr arbeiten können. Unter den Auftraggebern, für die in Rana Plaza Kleidung genäht wurde, waren zahlreiche bekannte Firmen, wie Benetton, Adler, C&A, Kappa, Walmart, Primark oder Inditex (Zara), die hier für Spottpreise produzieren ließen. Einige von ihnen, wie z. B. KiK oder Mango, bestritten ihre Teilhabe, konnten aber durch Recherchen bzw. in den Trümmern gefundene Kleidungsstücke der Lüge überführt werden. Aufgrund massiven Drucks durch die Organisation »Clean Clothes Campaign« (CCC) und lokale Gewerkschaften in Bangladesch gelang es innerhalb von drei

Jahren, 32 Millionen Dollar an Hilfeleistungen durch die beteiligten Firmen zusammenzubekommen (den größten Anteil mit 12 Millionen zahlte Primark). Doch das angepeilte Minimalziel von 40 Millionen ist immer noch nicht erreicht, sodass manche Opfer bis heute um Entschädigungszahlungen kämpfen müssen. Denn viele verantwortliche Firmen sitzen die Forderungen einfach aus, weil sie sich mit dem weitverbreiteten System herausreden, Aufträge an immer weitere Subunternehmer weiterzureichen, für die sie sich nicht verantwortlich fühlen – und weil sie wissen, dass sich die meisten Opfer keine Anwälte leisten können.

Auch wenn Rana Plaza den schlimmsten Fabrikunfall in der Geschichte Bangladeschs darstellt, ist er traurigerweise kein Einzelfall. Seit Beginn der industriellen Produktion von Textilien gibt es solche drastischen Unfälle, allein seit dem Jahr 2 000 waren es über 20 mit teils zahlreichen Toten. Obwohl in der Folge des Rana-Plaza-Unglücks rund ein Drittel der ca. 4 500 Textilfabriken in Bangladesch auf ihre Sicherheitszustände untersucht werden konnte, bemühen sich die dort produzierenden Marken kaum oder nur sehr schleppend um die Behebung der vielen Mängel. Neben der ständig lauernden tödlichen Gefahr durch schwere Sicherheitsmängel belasten noch andere Faktoren das Leben der Textilarbeiterinnen. Die meisten von ihnen sind Frauen ohne Ausbildung, oft sehr junge Frauen oder sogar noch Kinder (beim Baumwollpflücken in Usbekistan oder beim Seideweben in Indien wurden in den letzten Jahren immer wieder Fälle von Kinderarbeit aufgedeckt). Sie werden beschimpft, sexuell belästigt, von Toilettengängen abgehalten, zu Überstunden gezwungen und vor allem extrem schlecht bezahlt.

In Kambodscha wurde der Mindestlohn für die Beschäftigten in der Textilproduktion Anfang 2016 erhöht – auf 140 Dollar monatlich, wovon niemand leben kann. Die Bezahlung der eigentlich wertvollen Handarbeit macht in der Regel nur 0,5 bis 2 % des Verkaufspreises des fertigen Produktes aus, der Rest wandert in – nach aufsteigender Reihenfolge – Transport, Materialkosten, Gewinn der Fabrik, Steuern, Marketing und Handel sowie Gewinn der Marke. Die Macherinnen und Macher der Ausstellung »Fast Fashion«, die bereits in Hamburg und Dresden zu sehen war, haben herausgefunden, dass der Lohnanteil an einem Fast Fashion-T-Shirt für 4,99 Euro 13 Cent beträgt, bei einem Marken-T-Shirt für 29 Euro sind es ebenfalls nur 18 Cent! Handel und Unternehmen machen hier jedoch 2,10 Euro bzw. 15 Euro Umsatz. Allein bei einem fairen Slow Fashion-T-Shirt für 19,90 Euro käme die Näherin auf immerhin 60 Cent (und der Gewinn würde dabei immer noch 8,72 Euro betragen). So garantiert der Einkauf von teureren Kleidern noch lange keine bessere Bezahlung der Arbeiterinnen, sondern allein die Verpflichtung auf bessere Lohnstandards würde die Situation verbessern. Auch ein Etikett, das auf »Made in Europe« statt »Made in Asia« verweist, heißt noch lange nicht, dass hier faire Gehälter gezahlt werden. Im Gegenteil: Neue Studien belegen, dass in osteuropäischen Ländern wie Polen, Tschechien, auf dem Balkan oder in der benachbarten Türkei ähnlich katastrophale Verhältnisse herrschen wie beispielsweise in Bangladesch, Indien oder Kambodscha. Nichtregierungsorganisationen wie die »Clean Clothes Campaign« oder ihre nationalen Ableger, wie die »Kampagne für Saubere Kleidung« oder die »Erklärung von Bern«, setzen sich gemeinsam mit Gewerkschaften für eine Veränderung der Zustände ein. Doch auch Konsumentinnen und Konsumenten können etwas tun: Auf den nationalen Websites der »Clean Clothes Campaign« finden sich beispielsweise Vordrucke, mit denen man sich bei Bekleidungsunternehmen erkundigen kann, wie sehr sie sich für existenzsichernde Löhne für ihre Arbeiterinnen einsetzen. Mit einer simplen Bitte z. B. um die Auskunft, ob eine Näherin von ihrem monatlichen Lohn leben kann, macht man deutlich, dass dieser Faktor den Kundinnen und Kunden nicht egal ist: www.evb.ch/fileadmin/files/documents/CCC/2014_Kampagne_CCC_Website_Kassabon_DE.pdf

>>FREIWILLIGE SELBSTVERPFLICH-TUNG IST NICHT GENUG!<<
WIE EINE EUROPÄISCHE ORGANISATION DIE ARBEITSRECHTE VON NÄHERINNEN VERBESSERN WILL

Sie setzen sich für »Saubere Kleidung« ein. Wie wir alle wissen, gibt es im Bereich der Kleiderher-

Interview mit Christiane Schnura, Kampagne für Saubere Kleidung e. V.

stellung unendlich viele Probleme zu lösen – wie entscheiden Sie, wo Sie zuerst ansetzen?

Die »Kampagne für Saubere Kleidung« beschäftigt sich mit dem letzten Produktionsschritt, der sogenannten Konfektionierung. Das bedeutet, dass wir uns mit den Arbeitsbedingungen der Näherinnen in den Fabriken der Produktionsländer auseinandersetzen. Wir sind Bestandteil des internationalen Netzwerks »Clean Clothes Campaign« (CCC), das 1989 in den Niederlanden gegründet wurde und ausschließlich der Frage nachging, wie die Kleider, die wir tragen, genäht werden. Uns gibt es seit 1996, und unser Blick liegt auf den Sozialstandards in den Textilfabriken, aber zunehmend auch auf den davorliegenden Produktionsschritten – jedoch immer unter dem Aspekt der Arbeitsbedingungen.

Haben Unternehmen, Politik und Öffentlichkeit irgendetwas aus dem schrecklichen Rana-Plaza-Einsturz gelernt?

Es ist auf jeden Fall ein Erfolg unserer Kampagnen, dass überhaupt in den Entschädigungsfonds der Rana-Plaza-Opfer eingezahlt wurde. Als sich dieser entsetzliche Unfall zum ersten Mal gejährt hat, war das der Startpunkt für das freiwillige »Bündnis für nachhaltige Textilien«. Initiiert wurde es vom deutschen Entwicklungshilfeminister Gerd Müller, der sagte, er wolle damit vonseiten der Regierung ein Zeichen setzen. Wir selbst sind Teil dieses Bündnisses, wobei man ganz klar sagen muss, dass es für uns nur Lösungsvariante B darstellt. Wir fordern stattdessen klare gesetzliche Rahmenbedingungen. Damit ein Unternehmen, das in sogenannten Billiglohnländern produzieren lässt, auch haftet, wenn dort Dinge schieflaufen. Wenn so etwas Schlimmes wie ein Gebäudeeinsturz passiert, aber auch bei vermeintlich alltäglichen Verstößen, wenn z. B. Leute nicht richtig bezahlt werden, wenn es keine Gewerkschaften geben darf, wenn Kinderarbeit eingesetzt wird, wenn es zu extremen Überstunden kommt. Wir sind der Meinung, dass es grundsätzlich nur etwas bringt, wenn es rechtlich abgesicherte Sanktionsmöglichkeiten gibt. In der Regel ist es nämlich so, dass westliche Kleidungsunternehmen einen sogenannten Verhaltenskodex haben. Das ist nichts anderes als eine freiwillige Selbstverpflichtung, zu deren Einhaltung niemand gezwungen werden kann. Wir müssen leider feststellen, dass sich, obwohl es diese Selbstverpflichtungen en masse gibt, nichts Grundlegendes verbessert hat. Wir brauchen Gesetze. Denn wenn mit staatlichen Gütesiegeln wie dem Blauen Engel oder dem deutschen Bio-Siegel die Öko-Qualität von Produkten überprüft werden kann, warum gilt das Gleiche dann nicht für Sozialstandards?

Was sind Ihre wichtigsten Forderungen im Bereich Arbeitsrecht?

Die erste und wichtigste Forderung ist ganz klar die Zahlung eines existenzsichernden Lohnes. Denn in der Regel zahlen die Unternehmen in diesen sogenannten Entwicklungs- oder Schwellenländern den gesetzlichen Mindestlohn, der so extrem niedrig angesetzt ist, dass die Menschen davon definitiv nicht leben können. Für diesen existenzsichernden Lohn gibt es ganz klare, einfache Kriterien, die für jedes Land inhaltlich definiert wurden.

Die zweite Sache, die wir fordern, ist die Gewerkschaftsfreiheit, damit die Kolleginnen und Kollegen in den Fabriken ihre Rechte durchsetzen können.

Die »Kampagne für Saubere Kleidung« führt immer wieder Aktionen durch und fordert Konsumentinnen und Konsumenten dazu auf, mitzumachen und lautstark Kritik an den Zuständen zu üben, mit Flyern, Protestbriefen, Nachfragen in Kleidungsgeschäften u.v.m. Wie effektiv sind diese individuellen Handlungen jedoch innerhalb des Systems eines globalisierten Kapitalismus?

Unsere Aktivitäten der letzten 20 Jahre haben zu sehr guten Ergebnissen geführt: die Entschädigungszahlungen für Rana Plaza, Gewerkschafterinnen wurden wieder eingestellt, Löhne nachgezahlt, der »Bangladesh Accord«, der Gebäudesicherheit überprüft – nur gibt es eben keine strukturellen Veränderungen. Aus meiner Sicht liegt das daran, dass, egal, ob es sich um ein kleines oder mittelständisches Unternehmen handelt oder um einen ganz großen Player: Letztlich sind alle dem System der kapitalistischen Profitmaximierung unterworfen, und da haben Arbeitsrechte keinen Platz. Denn die kosten Geld, wie auch gerechtere, höhere Löhne Geld kosten. Da es nicht immer möglich ist, diese Mehrkosten den Verbraucherinnen und Verbrauchern aus der Tasche zu ziehen, würden diese den Profit schmälern und das lassen Unternehmen im Kapitalismus nicht zu. Weil der Kleidermarkt einer extremen internationalen Konkurrenz ausgesetzt ist, bräuchte es im Grunde sogar internationale Arbeitsgesetze mit Sanktionsmöglichkeiten. Es gibt zwar die »Internationale Arbeitsorganisation« (ILO), doch die hat null Sanktionsmöglichkeiten.

 KLEIDUNG

Ist Fair Fashion in diesem Zusammenhang eine realistische Alternative?

In einem bestimmten Rahmen ist es möglich, als Unternehmen so eine Art Insel zu bilden – aber dieser Rahmen ist winzig klein. Spätestens, wenn sich die Produktion vergrößert oder die Selbstausbeutung dieser idealistischen Jungunternehmerinnen und -unternehmer einen Grad annimmt, der nicht mehr zu ertragen ist, kippt die Sache. Diese meist sehr jungen Leute sind voller Motivation, voller guter Vorsätze, sodass man ihnen natürlich nicht sagen möchte, das ist zwar klasse, was ihr macht, aber das wird die Kuh nicht vom Eis holen. Aber es sind trotz alledem Leuchtturmprojekte – es bedarf zwar einer gesamtgesellschaftlichen Veränderung, aber auch im Kleinen ist es ja erst mal ein guter Ansatz.

Was halten Sie vom Argument, dass ein Boykott von Fast Fashion letztlich auf Kosten der Textilarbeiterinnen und -arbeiter gehe, die dadurch ihre Jobs verlieren würden?

Wir wissen, dass die Näherinnen 14 bis 16 Stunden am Tag arbeiten, sieben Tage die Woche. Wenn sie einen existenzsichernden Lohn bekommen würden für eine akzeptable Arbeitszeit, also maximal 48 Stunden mit maximal 12 Überstunden pro Woche, dann bräuchten sie ja gar nicht so viel zu arbeiten. Es kann doch nicht sein, dass man sagt, sie kriegen nach wie vor diese Hungerlöhne, und wenn sie nicht 16 Stunden am Tag arbeiten, verhungern sie!

Was ist eigentlich das Sumangali-Prinzip, von dem man so schreckliche Dinge hört?

Sumangali ist Hindi und bedeutet so viel wie »glückliche Braut«. In vielen ländlichen indischen Gebieten zählen Frauen gesellschaftlich nichts, wenn sie nicht heiraten. Familien müssen für ihre Töchter in der Regel eine Mitgift zahlen, obwohl das gesetzlich seit 1961 verboten ist.

Bei armen Familien mit mehreren Töchtern ist das oft finanziell nicht möglich. In Südwestindien haben sich das Webereien und Garnspinnereien zunutze gemacht, die Agenten ins sehr arme Südostindien schicken, um junge Mädchen aus den untersten Kasten zu rekrutieren – das Kastensystem ist eigentlich lange abgeschafft, existiert aber in den Köpfen weiter –, die dann in den Webereien schuften müssen. Den Eltern wird gesagt, dass die Töchter drei bis fünf Jahre für Kost und Logis und ein kleines Taschengeld in der Fabrik arbeiten werden und nach dieser Zeit ihre Mitgift ausgezahlt bekommen. Vor Ort werden sie kaserniert und wie Sklavinnen gehalten. Ihnen wird auch sofort das Handy weggenommen, sodass sie keinen Kontakt nach Hause halten können. Sie müssen zehn bis 16 Stunden am Tag arbeiten, sieben Tage die Woche, bekommen dafür nur rund 20 Euro im Monat und werden oft von den männlichen Aufsehern geschlagen oder sexuell belästigt. Am Ende werden den Eltern ca. 500 Euro ausgezahlt, aber viele Mädchen bringen sich vorher um, weil sie es einfach nicht mehr aushalten.

Christiane Schnura ist Koordinatorin der »Kampagne für Saubere Kleidung e. V.«, die zum internationalen Netzwerk »Clean Clothes Campaign« (CCC) gehört, eine Nichtregierungsorganisation, die sich für Rechte der Arbeiterinnen und Arbeiter und eine Verbesserung von Arbeitsbedingungen in der internationalen Textil- und Bekleidungsindustrie sowie Sportartikelindustrie einsetzt.

EIN KLEIDUNGSSTÜCK FÜR EIN GANZES JAHR
WENIGER SHOPPEN, INTERESSANTER AUSSEHEN

Rund 20 % aller neu gekauften Kleidungsstücke werden niemals getragen. Könnte diese Zahl nicht der Anlass dafür sein, moderne Shoppinggewohnheiten und Kleidungsstile zu hinterfragen – und damit vielleicht sogar noch besser gestylt zu sein?

ast Fashion stachelt mit ständig neuer Ware und tiefen Preisen unsere Schnäppchenmentalität an. Wir sehen die Klamotten im Shop und stellen uns vor, wir würden uns darin in interessantere, attraktivere Versionen unseres Selbst verwandeln. Doch mit den Einkaufstüten zu Hause angekommen, bemerken wir oft den schlechten Schnitt, die schiefen Nähte, das billige Material, das manchmal unangenehm nach Chemikalien riecht ... Es ist eigentlich logisch, dass für niedrigste Preise keine edlen Zutaten verarbeitet werden können. Im Gegenteil werden sogar Sale-Items, die als heruntergesetzte Ware ausgezeichnet sind, häufig speziell für den Ausverkauf angefertigt – mit billigeren Materialien. Es gibt sogar einen großen Anteil an sogenannter Outlet-Ware – also Markenkleidung, die z. B. in Geschäften wie TK Maxx billiger verkauft wird –, die nie für den regulären Verkauf in einem dieser Markengeschäfte geplant war, sondern von Anfang an als billigere Variante mit weniger Herstellungskosten für Outlet-Stores produziert wurde. Auf diese Weise machen die großen Brands mittlerweile einen wichtigen Teil ihres Umsatzes.

Wie können wir also einfallsreich mit dieser Überflussproblematik umgehen?

Zunächst einmal hält Kleidung länger, wenn man sie nicht so oft wäscht und am besten nie in den Trockner wirft. Manchmal reicht auch schon ordentliches Lüften! So werden die Fasern geschont und Wasser und Waschmittel gespart. Hilfreich sind auch Listen, die man sich für jede Saison anlegt, um festzustellen, was man wirklich dringend neu kaufen muss, und damit bewaffnet auf Shoppingtour zu gehen. So kann man vermeiden, dass Dinge in der Einkaufstasche landen, nur weil sie so unschlagbar billig sind. Eine lohnende Veränderung ist es auch, den Kleidungsstil so umzustellen, dass man nur noch – möglichst qualitativ hochwertig verarbeitete und damit langlebige – Klassiker wie Cardigan oder Trenchcoat trägt und so die Garderobe nicht bei jedem neuen Modetrend umstellen muss. Oder so, dass man ganz schlichte Teile trägt, die sich gut miteinander kombinieren lassen, sodass man weniger verschiedene Stücke benötigt.

Natürlich kann man auch versuchen, alles nur noch secondhand zu kaufen – auf diese Weise erhält man einen individuellen Stil, der sich von anderen abhebt, und nutzt gleichzeitig alte Kleidungsressourcen. Statt Textilien auf diese Weise zu recyceln, kann man sie aber auch upcyceln, also veredeln, indem man ungeliebte Kleidungsstücke aus dem eigenen Schrank aufpeppt: Man kann sie umschneidern, neu zusammensetzen, verkürzen, verlängern, mit Applikationen versehen oder was auch immer dazu einfällt. Und wenn wir schon beim heimischen Kleiderschrank sind: Warum nicht mal eine Kleidertauschparty veranstalten, bei der man alles ausräumt, was man nicht mehr trägt, und Freundinnen und Freunde bittet, bei sich das Gleiche zu tun? Alle Fundstücke können dann auf einen Haufen geworfen werden, und jeder sucht sich etwas aus, das ihr oder ihm gefällt. Dasselbe Prinzip existiert auch schon in größerem, professionellerem Rahmen unter Namen wie »Clothes Swap«, »Kleidertauschbörse« oder »Walk-in-closet«, wo Menschen an öffentlichen Orten zusammenkommen und nach speziellen Prinzipien alte Kleidung austauschen (z. B. gibt es pro mitgebrachtem Kleidungsstück einen Chip, für den man sich dann wiederum ein anderes Piece aussuchen darf). Unter dem Hashtag #tauschdichaus finden sich aktuelle Termine für Kleidertauschpartys in Deutschland.

Doch warum muss man Kleider eigentlich immer besitzen? Man kann doch einfach unter Freundinnen und Freunden oder Verwandten leihen und verleihen, wenn es die Größen und Vorlieben erlauben. Auf dieser Idee basiert das Prinzip einer »Kleiderbibliothek«, das in Hamburg und Berlin schon als Geschäftsidee umgesetzt wurde und aktuell online und in einem Kölner Laden erprobt werden kann: In der »Kleiderei« wird man wie in einer Bücherei für einen monatlichen Beitrag Mitglied und darf sich so jeden Monat bis zu vier Teile ausleihen. Wer es noch reduzierter mag, experimentiert vielleicht mit der Idee des »one dress a year«, die schon verschiedenste Personen ausprobiert und im Netz dokumentiert haben. Denn die Herausforderung, ein einzelnes Kleidungsstück ein Jahr lang zu tragen und sich so zu stylen, dass es nicht langweilig wird, ist nicht nur groß, sondern im Zeitalter des ständigen Überflusses und Wechsels auch ziemlich reizvoll.

KLEIDER AUS PLASTIKFLASCHEN, BÜCHERN UND MILCH
KRITERIEN FÜR FAIREN KLEIDERKAUF UND NEUE DESIGNIDEEN

In der Diskussion wird stets die Verantwortung von Mode-
konsumentinnen und -konsumenten betont. Doch was tut
sich eigentlich auf der anderen Seite – welche Ideen gibt
es bei den Produzentinnen und Produzenten von Kleidung,
die Herstellung ökologischer und fairer zu gestalten?

ehmen Sie sich nicht zu viel auf einmal vor – es ist heute praktisch unmöglich, den perfekten Kleiderschrank zu haben«, heißt es auf der Website der »Erklärung von Bern«, die sich in der Schweiz für »saubere« Kleidung engagiert. Diese Feststellung ist so beruhigend wie aufrüttelnd, denn sie zeigt uns einerseits, dass nicht alle Verantwortung allein bei uns liegt. Andererseits führt sie im besten Fall dazu, dass wir uns umfassend darüber informieren, an welchen Brennpunkten Verbesserungen möglich sind. Es existiert zwar für Kleidung, ebenso wie für Lebensmittel, kein einziges Siegel, das 100 %ig garantieren könnte, dass ein Produkt in jeder Hinsicht und bei jedem einzelnen Arbeitsschritt korrekt erzeugt wurde, aber es gibt immerhin Prüfverfahren, die an verschiedenen Stellen ansetzen.

Der erste Schritt auf dem Weg zum fertigen Kleidungsstück ist die Herstellung der Fasern, also des Rohmaterials, aus dem dann der Stoff gewebt wird. Das sind in der Regel Naturfasern wie Baumwolle oder Chemiefasern wie Nylon oder Viskose. Hierbei kommen oft Pestizide oder andere Chemikalien zum Einsatz, die umweltschädigend und gesundheitsgefährdend wirken können, sowie genmanipuliertes Saatgut. Mittlerweile sind schon rund drei Viertel der weltweit angebauten Baumwolle gentechnisch verändert.

Das Saatgut hierfür ist viermal teurer als gewöhnliches und kann aufgrund der gentechnischen Veränderung nicht mehr von den meist armen Anbauerinnen und Anbauern selbst aus der Ernte gewonnen werden, sondern muss immer wieder neu bei den Agrargroßkonzernen gekauft werden.

Im zweiten Schritt werden die Rohmaterialen verarbeitet, also gefärbt, gebleicht oder imprägniert, wobei wiederum gefährliche Chemikalien verwendet werden. Zusammen mit der intensiven Bewässerung, die für das Wachstum von Baumwollpflanzen notwendig ist, kommt mit dem Auswaschen von Farben und Chemikalien ein Wasserverbrauch von 11 000 Liter Wasser pro Kilogramm Baumwolle zusammen! Zudem vertrocknen große Gewässer wie der Aralsee durch die ständige Wasserentnahme oder werden durch Abwässer stark verschmutzt. Ein anderer Aspekt der zweiten Herstellungsstufe sind die oft miserablen Arbeitsverhältnisse ohne Sicherheitsstandards zu Hungerlöhnen. So kommt es vor, dass Näherinnen 14 Stunden am Tag für nur 2 US-Dollar schuften und dabei mit gefährlichen Giftstoffen in Berührung kommen. Besonders das Gerben von Leder oder das Sandstrahlen von Jeans, das sie künstlich abgenutzt aussehen lässt, sind hochgiftige, lebensgefährliche Prozeduren.

Beim dritten und letzten Schritt wird das Endprodukt um die Welt verschickt, wobei es durch die langen Transportwege zu CO_2-Emissionen kommt.

In den Kleidungsstücken bleiben oft Schadstoffe zurück, die für die Trägerinnen und Träger ungesund sein können. Man-

che Firmen betreiben ein
sogenanntes Greenwashing
und geben vor, dass ihre Klei-
dungsstücke fair und ökologisch hergestellt wurden, obwohl das
nicht konsequent der Fall ist. Dazu gehören laut der Organisation »Clean Clothes Campaign« (CCC) Fair-Fashion-Etiketten wie
die »Conscious Collection« von H&M, das Oeko-Tex-Standard-
100-Siegel sowie die »Better Cotton Initiative« (BCI) von Adidas,
Gap, Ikea u. a., weil diese Nachhaltigkeit nur sehr schwammig
definieren und z. B. nicht auf Bioanbau oder existenzsichernde
Löhne achten. Als sinnvoll werden von der »CCC« nur vier der
mittlerweile unzähligen Modesiegel bewertet: »Fair Trade Certified Cotton«, »Fair Wear Foundation«, »Naturtextil IVN Best« und
»Global Organic Textile Standard« (GOTS). Die beiden Letzteren
setzen mit ihren Prüfkriterien bei allen der drei oben genannten
Schritte in der Produktion an, »Fair Trade« nur beim ersten und
»Fair Wear« nur beim zweiten Schritt.

Und dann gibt es natürlich all die neuen Schlagworte, die
uns um die Ohren schwirren und Hoffnungen vom durch und
durch anständigen Kleidungskauf heraufbeschwören: Ökomode.
Biomode. Vegane Mode. Green Fashion. Fair Fashion. Slow Fashion.
Sustainable Fashion. Trotz der meist guten Absichten, die dahin-
terstecken, gilt es, sich hier jedes Mal ein möglichst genaues
Bild zu machen, welche der drei oben genannten Schritte wie
überprüft werden: Geht es nur um die Anbaubedingungen der
Rohstoffe? Geht es um die Verarbeitungsweise der Stoffe? Geht

es um die Arbeitsbedingungen der Näherinnen? Geht es um die Transportweisen? Welche Siegel kommen zur Anwendung? Ein Modelabel, dem es ernst ist mit nachhaltiger Kleidung, wird hierbei auf größtmögliche Transparenz achten und bereitwillig alle Informationen zur Verfügung stellen. Auf der Website der »Erklärung von Bern« gibt es zudem eine Fair Fashion-App, mit der man über 100 Firmen überprüfen kann.

Darüber hinaus forschen momentan viele Designerinnen und Designer an ganz neuen Wegen, ressourcenschonend Kleidung herzustellen. So hat Levi's eine Jeans-Kollektion auf den Markt gebracht, für die 20 % recycelte Plastikflaschen verwendet wurden. Die deutsche Firma Qmilk entwickelte aus dem Kasein von Rohmilch, das üblicherweise weggeworfen wird, eine seidenweiche Milchfaser, die besonders hautverträglich und zu 100 % kompostierbar ist. Jarupatcha Achavasmit aus Thailand webt aus dem dort heimischen tropischen Vetivergras Accessoires, wie z. B. Handtaschen. Mit dem »Golden Book Gown« kreierte der Künstler und Modemacher Ryan Jude Novelline ein beeindruckendes Ballkleid, das komplett aus den Seiten alter Kinderbücher besteht. Im Dienste einer Zero Waste-Fashion besinnen sich die Modewissenschaftlerin Holly McQuillan und der Modewissenschaftler Timo Rissanen auf traditionelle Kleidungsstücke wie die griechische Toga, den indischen Sari und den japanischen Kimono, bei denen jeweils ein komplettes Stoffstück verwendet wurde und keine Stoffabfälle durch Zuschnitte entstanden.

Und wer es spaßig mag, findet im Internet Hunderte Tutorials für spektakuläre Garbage Dresses – Kleider, die aus Müll wie alten Plastiktüten, Zeitungen, Duschgeltuben oder Bonbonpapierchen gemacht sind. Die sind zwar nicht unbedingt nachhaltig im klassischen Wortsinn, aber sie weisen deutlich auf die Überfluss- und Müllproblematik hin. Und das ist gerade beim Thema Kleidung schon mal ein guter Anfang.

KAUF WENIGER, KAUF BESSER
EIN SHIRT, DAS 30 JAHRE HÄLT

Interview mit
Tom Cridland, Erfinder
des »30 Year Shirt«

Warum sollten wir 30 Jahre lang das gleiche Shirt tragen – geht es bei Mode nicht um ständige Abwechslung?

Das sehe ich auch so – und deswegen ist die »30 Year Collection« ein Projekt, das neue Designs anregen soll! Wir beobachten ständig, dass Fast Fashion-Firmen ihre Kleidung so schlecht designen und produzieren lassen, dass sie nach ein oder zwei Jahren abgetragen ist. Es wird immer neue Standardware, wie einfarbige Sweatshirts und T-Shirts, für kleines Geld auf den Markt geworfen. Wir finden, dass das ungerecht gegenüber Marken ist, die die gesamte Produktionskette fair bezahlen, ungerecht gegenüber der Umwelt, deren Ressourcen verschwendet werden, und ungerecht gegenüber Kundinnen und Kunden, die letzten Endes mehr Geld für immer neue weiße T-Shirts ausgeben müssen, als wenn sie gleich ein einziges – teureres, dafür aber gut gemachtes – gekauft hätten.

Was hat Sie zu Ihrer langlebigen Kollektion inspiriert?

Der Dokumentarfilm »The True Cost« von Andrew Morgan, in dem es um die katastrophalen Auswirkungen von heutiger Modeproduktion geht, hat mich tief beeindruckt. Ich wollte mit meiner Marke die Wichtigkeit von nachhaltiger Mode auch den Leuten nahe bringen, die vielleicht noch keine Käuferinnen oder Käufer von Ökomode sind und noch nicht so genau nachgedacht haben, welche Folgen unsere Konsumentscheidungen haben. Auf die Zahl von 30 Jahren kam ich, indem ich meine portugiesischen Hersteller bat,

KLEIDUNG

mir ihre ältesten gebrauchten Sweatshirts in hervorragendem Zustand zu zeigen. Die waren aus den 1970ern!

Wie konnten Sie sich für Materialien und die Schnitte entscheiden, die 30 Jahre gut aussehen sollen?

Die Leute sollen sich für unsere Produkte entscheiden, weil wir uns auf eine Zeit besinnen, in der Standardkleidungsstücke bezahlbar waren, aber trotzdem mit größter Sorgfalt hergestellt wurden. Mein Produktionsteam ist ein Weltklasse-Familienunternehmen, das seit 1964 am Fuße des Serra-da-Estrela-Gebirges wunderschöne Kleidung fabriziert. Unsere besonders dichten und haltbaren Baumwollluxusstoffe beziehen wir aus Biella im italienischen Piemont, das auf eine jahrtausendelange Tradition der Textilindustrie zurückblickt. Die Mehrkosten, die durch Zwischenhändler und die im Einzelhandel benötigte Gewinnspanne entstehen, umgehen wir, indem wir alle Kleider direkt über unsere Website verkaufen. Deswegen kostet ein »30 Year Sweatshirt« auch nur 60 englische Pfund statt über 200.

Was passiert, wenn so ein Shirt mal kaputtgeht?

Falls ein Produkt einmal defekt sein sollte, was bis jetzt noch nie vorgekommen ist, ersetzen wir es. Falls die Kundin oder der Kunde aus Versehen ein Loch hineinmacht oder es zerreißt, kann es an unsere englische Firmenadresse eingesandt werden und unsere Näherinnen und Näher flicken es so, dass es wie neu aussieht. Danach senden wir es wieder an die Kundin oder den Kunden zurück.

Warum bestehen Ihre Shirts nur zu 80 % aus Baumwolle und zu 20 % aus Polyester?

Bald werden wir sie zu 100 % aus

Baumwolle herstellen. Wir haben bis jetzt Polyester beigemischt, weil der Stoff dann besser dehnbar ist als mit der ausschließlichen reinen und dichten Baumwolle, die wir verwenden. Wir waren besorgt, dass sich manche Bäuche, die gerne mit Pizza oder Bier gefüllt werden, über die Dauer von 30 Jahren so sehr ausdehnen könnten, dass unser Shirt dann vielleicht nicht mehr passt! Also, darüber denke ich zumindest oft nach …

Wie überprüfen Sie die Arbeitsbedingungen?

Wir besuchen unser Team in Serra da Estrela regelmäßig, und es gab nie Anlass zur Sorge. Das ist ein familiäres Unternehmen, das seine Arbeit seit über 50 Jahren mit großer Hingabe verrichtet.

Sehen Sie eine Kehrtwende zu einer nachhaltigeren Mode?

Unsere Kundinnen und Kunden schätzen zum Glück jetzt schon die Philosophie des »Kauf weniger, kauf besser«, die wir fördern wollen. Abgesehen von den offensichtlichen Vorteilen für die Umwelt und für kleinere, unabhängige Firmen wie unsere, führt diese Haltung auch dazu, dass man besser gekleidet ist! Denn wenn man sich mit dem Geld, das man jährlich für Kleidung zur Verfügung hat, weniger, aber dafür besser gemachte, schönere Stücke kauft, hat man Dinge im Schrank, die man eben nicht nur ein Jahr (oder sogar kürzer) tragen möchte. Die Qualität der Materialien und der Verarbeitung ist dann einfach höher, weswegen die Kleidungsstücke schmeichelhafter aussehen – und das wird meiner Meinung nach mit der Zeit immer mehr Leuten einleuchten.

Der Brite Tom Cridland ist 25 Jahre alt und der Erfinder des »30 Year Shirt«, das mindestens 30 Jahre halten soll. Hollywoodstars wie Daniel Craig und Leonardo DiCaprio konnte er von seiner Mode bereits überzeugen.

KLEIDUNG

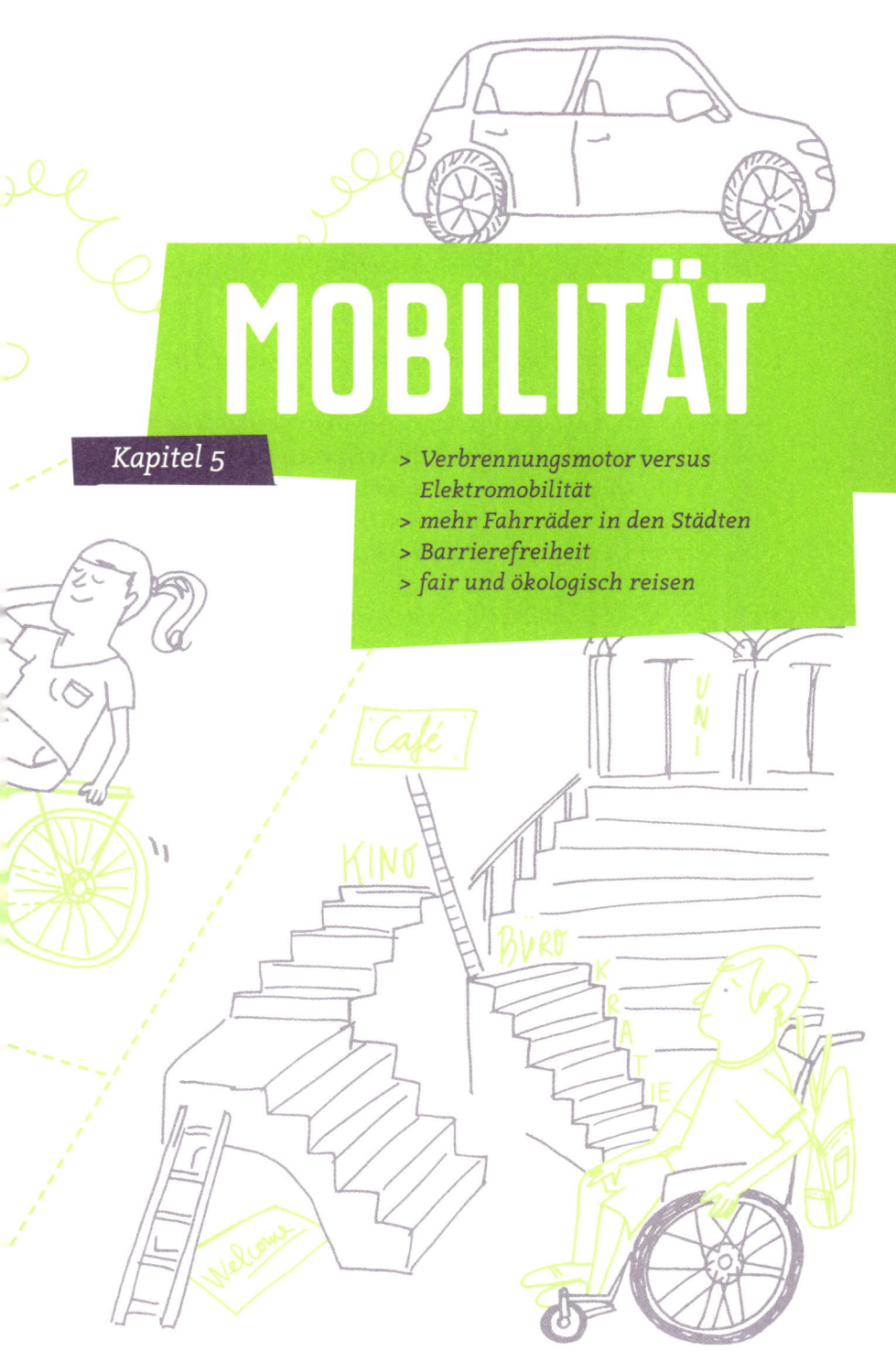

MOBILITÄT

Kapitel 5

> Verbrennungsmotor versus Elektromobilität
> mehr Fahrräder in den Städten
> Barrierefreiheit
> fair und ökologisch reisen

JETZT BLOSS NICHT STEHEN BLEIBEN
WARUM NACHHALTIGE MOBILITÄTSKONZEPTE WICHTIG SIND

Mobilität ist ein entscheidender Faktor im Wandel der Menscheitsgeschichte, hat weitreichende Folgen für unsere Umwelt und ist ein gesellschaftliches Grundbedürfnis. Wer mobil ist, kann am gesellschaftlichen Leben teilnehmen, kann eine Schule besuchen, sich weiterbilden, einem Beruf nachgehen. Eine Person ist aber nicht zwangsläufig mobiler, nur weil sie täglich weite Strecken zurücklegt.

 obil bin ich, wenn ich z. B. als Stadtbewohnerin oder -bewohner alle wichtigen Einkaufsmöglichkeiten vor meiner Haustür habe und mit dem Fahrrad zur Arbeit fahren kann. Mobil sind Menschen, wenn sie ihre Ziele selbstbestimmt erreichen können. Es ist sogar ein großer Luxus, wenn ich mobil sein kann, ohne mich viel bewegen zu müssen.

 Deshalb steigen auch die Mietpreise in den Städten. Leute mit weniger Geld müssen an den Stadtrand ziehen und weitere Wege zurücklegen, wenn sie zur Arbeit fahren oder ihre Freunde treffen wollen.

Die städtebaulichen Gegebenheiten berücksichtigen jedoch nicht immer alle Bedürfnisse gleichermaßen, weshalb z. B. in Bezug auf Leute, die auf einen Rollstuhl angewiesen sind, von Menschen mit eingeschränkter Mobilität gesprochen wird. Dabei ist es häufig der öffentliche Raum selbst, der den betroffenen Personen diese Einschränkungen auferlegt.

In der Geschichte hat die Entwicklung der Eisenbahn und Dampfschifffahrt es den Menschen ermöglicht, in bis dahin nie gekannter Weise schnell große Distanzen zu überwinden und große Gütermengen zu transportieren. Die neue Mobilität hatte umfassende und dauerhafte Auswirkungen auf Landschaft und Ökosysteme. Mit dem Ausbau des Schienennetzes begann erstmals eine räumliche Trennung zwischen urbanen Ballungszentren, die von industrieller Arbeit geprägt waren, und landwirtschaftlich geprägten Regionen, wo auf großen Flächen die Lebensgrundlage für alle erwirtschaftet wurde. Auch mit der Schifffahrt entstanden an Häfen riesige Ballungszentren.

Wenn Menschen und Güter auf Reisen gehen, gibt es zahlreiche »blinde Passagiere«. So reisen beispielsweise im Ballastwasser von Containerschiffen pro Fahrt etwa 10 000 verschiedene Tier- und Pflanzenarten mit. Pflanzen, Tiere, Pilze oder Krankheitserreger können sich so in weit voneinander entfernt liegenden Regionen ausbreiten. Auch Landschaften verändern sich durch Verkehrsinfrastrukturen. Riesige Flächen werden für die Nutzung als Flughäfen oder Straßen mit Beton versiegelt und Landschaftsräume zerschnitten.

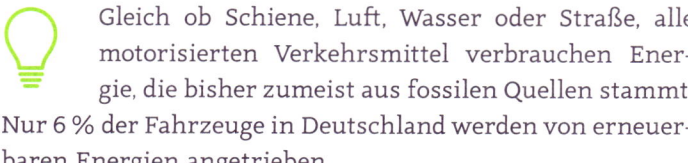

Gleich ob Schiene, Luft, Wasser oder Straße, alle motorisierten Verkehrsmittel verbrauchen Energie, die bisher zumeist aus fossilen Quellen stammt. Nur 6 % der Fahrzeuge in Deutschland werden von erneuerbaren Energien angetrieben.

Der Rest der motorisierten Verkehrsmittel setzt nicht nur klimaschädliches CO_2 frei, sondern verursacht Lärm und stößt gesundheitsbelastende Schadstoffe wie Feinstaub aus. Besonders problematisch ist dabei, dass der Anteil der Pkws beim Personenverkehr kontinuierlich zunimmt. Während in anderen Sektoren der Ausstoß des klimaschädlichen CO_2 reduziert werden konnte, nehmen die Treibhausgasemissionen im Verkehrsbereich weiter zu und haben hier einen Anteil von 25,3 %, wobei der Straßenverkehr mit 83 % der größte Emissionsverursacher ist. Vor allem das Auto wollen die Menschen nicht stehen lassen. Rechnet man die Wegstrecken der Menschen in Europa auf Kilometer um, so werden davon rund 80 % mit dem Pkw zurückgelegt. Expertinnen und Experten schätzen, dass der motorisierte Personenverkehr bis 2050 um das Eineinhalbfache steigen wird.

Das ist umso erstaunlicher, wenn man bedenkt, dass die fortschreitende Digitalisierung eigentlich neue Möglichkeiten eröffnet, »mobil« zu sein, ohne dass man sich dazu räumlich bewegen müsste. Geschäftsmeetings können auch per Online-Liveschaltung abgehalten werden; auch wird eine große Anzahl von Einkäufen online erledigt. Beim Personenverkehr ist jedoch der Anteil der zurückgelegten Wegstrecken für Freizeitzwecke ebenso hoch wie der für Arbeit oder Ausbildung.

Vor allem das Reisen gewinnt als Freizeitbeschäftigung an Beliebtheit – und wird insbesondere durch Billigflüge möglich gemacht. Die Passagierbewegung von Deutschland in das europäische Ausland hat seit 2000 um etwa 45 % zugenommen. Gleichzeitig zeichnet sich ein neuer Trend ab: Das Fahrrad etabliert sich, vor allem bei Streckenlängen bis zu fünf Kilometern, zunehmend als Verkehrsmittel. Etwa 20 % der Bevölkerung in Deutschland fahren fast täglich mit dem Rad.

Die Mobilität von Menschen aus Freizeitzwecken ist auch ein wichtiger Wirtschaftsfaktor, ebenso wie der globale Güterverkehr. Solange aber wirtschaftliches Wachstum an Transportleistung gekoppelt ist, sind nachhaltige Verkehrskonzepte kaum umsetzbar. Es reicht nicht allein, Fahrzeuge effizienter zu machen und Schadstoffemissionen zu reduzieren. Nachhaltig mobil sein bedeutet Mobilität mit weniger Verkehr. Neue Mobilitätskonzepte halten viele Chancen bereit, z. B. um Städte lebenswerter zu machen und Naherholungsräume in der Natur zu erhalten.

WAS UNS ANTREIBT
WELCHE ALTERNATIVEN GIBT ES ZUM ÖL?

Autos, Flugzeuge, Lkws, Schiffe und Züge bringen uns und unsere Güter von A nach B. Ein Viertel der klimaschädlichen Treibhausgase wird durch Verkehrsmittel ausgestoßen. Außerdem sind der Individual- und Güterverkehr für die Luftverschmutzung durch Feinstaub und Schadstoffe verantwortlich. Doch nicht nur das, was aus dem Tank herauskommt, stellt ein Problem dar, sondern auch das, was hineinkommt – und wo es herkommt.

 raftfahrzeuge, Flugzeuge und Schiffe benötigen Diesel, Benzin, Kerosin oder Schweröl, und um das herzustellen, wird wiederum Erdöl benötigt. In den letzten Jahren ist die Zahl der Pkws, Lkws und Flugzeuge gestiegen und damit auch der Ölverbrauch. Die Nachfrage nach Erdöl steigt besonders in Schwellenländern wie China oder Indien, die vor ihrem wirtschaftlichen Aufschwung nur wenig Öl verbraucht haben.

Obwohl wir in Mitteleuropa sehr viel Öl verbrauchen, verfügen wir kaum über eigene Erdölvorkommen.

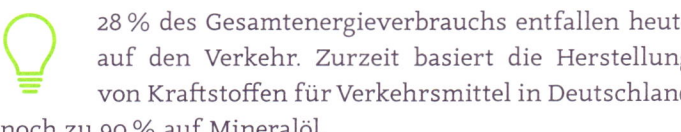 28 % des Gesamtenergieverbrauchs entfallen heute auf den Verkehr. Zurzeit basiert die Herstellung von Kraftstoffen für Verkehrsmittel in Deutschland noch zu 90 % auf Mineralöl.

Etwa 84 % des Ölbedarfs müssen die Länder Europas importieren. Schon bei der Ölförderung entstehen klimaschädliche CO_2 Emissionen. Hinzu kommt, dass bei den großen Firmen der Erdölförderung kleinere Ölunfälle zur Tagesordnung gehören. Bei

 MOBILITÄT

der Ölförderung gelangen immer giftige Stoffe in Luft und Wasser. Um das Öl über weite Strecken dorthin zu transportieren, wo es gebraucht wird, wird noch mehr CO_2 ausgestoßen.

Der Ölpreis unterliegt dabei erheblichen Schwankungen. Kriege, Naturkatastrophen und Spekulationen beeinflussen u. a. den Preis. Die Länder mit Erdölvorkommen bestimmen maßgeblich darüber, wie teuer Öl ist. Da Öl ein entsprechend kostbarer Rohstoff ist und sich mit dem Verkauf sehr viel Geld verdienen lässt, gibt es einen Wettbewerb zwischen den Ländern, die Erdöl produzieren und verkaufen. Zurzeit ist Erdöl sehr günstig. Das liegt u. a. daran, dass in Ländern wie den USA, die bisher kaum Erdöl exportieren konnten, neue Ölfelder entdeckt wurden und z. B. mittels Fracking eine neue Produktionsmethode entwickelt wurde. Für Saudi-Arabien ist der Export von Erdöl hingegen schon lange der wichtigste Wirtschaftsfaktor, deshalb will das Land die neue Konkurrenz durch günstige Preise ausschalten.

Wenn viel Erdöl gefördert wird und Öl so wenig kostet, besteht die Gefahr, dass wir vergessen, dass Erdöl eine endliche Ressource ist. Statt den Verbrauch zu drosseln, verbrauchen wir immer mehr, wenn der Preis günstig ist. Wissenschaftler streiten noch darum, wann es so weit sein wird, doch eines ist gewiss:

Irgendwann wird das Öl aufgebraucht sein. Optimistische Szenarien geben uns noch 50 Jahre oder mehr, andere befürchten, dass bereits in zehn Jahren der sogenannte »peak oil« erreicht sein wird. Wenn dieses Fördermaximum erreicht ist, also der Zeitpunkt, ab dem die Menge des verfügbaren Erdöls auf diesem Planeten unweigerlich zurückgeht, werden auch die Preise für Benzin und Diesel in die Höhe schnellen.

Es wird deshalb Zeit, sich über alternative Kraftstoffe Gedanken zu machen. Als Hoffnungsträger erscheinen hierbei die sogenannten Biokraftstoffe. Aus Pflanzen, wie z.B. Raps oder Zuckerrüben, lassen sich Diesel und Benzin herstellen. Der besondere Vorteil des Biosprits ist, dass er zu einer Reduktion des CO_2-Gehalts beiträgt: Bei der Verbrennung von Biokraftstoffen im Motor entsteht kaum mehr CO_2 als die Pflanzen selbst beim Anbau aus der Umwelt speichern.

Was nach einer perfekten Lösung für die Tankfüllung der Zukunft klingt, hat aber auch eine Kehrseite: Zum einen ist die Produktion von Biosprit gar nicht so klimaneutral, wie es auf den ersten Blick aussieht: Für den Anbau von Biosprit werden Dünger (auch darin ist Erdöl enthalten) und viel Wasser benötigt. Für Traktoren, den Transport der Pflanzen zu Ölraffinerien und die Fabriken wird auch Energie gebraucht. Am Ende unterscheidet sich die Klimabilanz kaum von herkömmlichem Kraftstoff. Das größte Problem ist allerdings die Anbaufläche, die benötigt würde, um Verkehrsmittel wie bisher am Laufen zu halten. Gerade in reichen Ländern Europas mit ihrem hohen Verkehrsaufkommen fehlen die Ackerflächen, um große Mengen an Biokraftstoffen zu produzieren. Wir müssten unsere Wälder abholzen, um so Anbauflächen für Raps oder Zuckerrüben zu schaffen.

Ärmere Länder sehen in der Produktion von Biokraftstoff eine vielversprechende Einnahmequelle. Deshalb wird z.B. in Brasilien und Indonesien der Regenwald abgeholzt, um dort Zuckerrohr oder Ölpalmen für die Herstellung von Benzin oder Diesel anzubauen.

Die Pflanzen, aus denen »Biosprit« hergestellt wird, werden in Monokulturen angebaut, auf großen Feldern, auf denen nur diese eine Pflanze wächst. So werden die Böden ausgelaugt, und Menschen und Tiere verlieren ihren Lebensraum, der nur noch als reine Anbaufläche genutzt wird.

In Äthiopien hat die Regierung in Regionen mit relativ hohem Niederschlag landwirtschaftliche Flächen für den Anbau der Purgiernuss ausgewiesen, um den daraus gewonnenen Biokraftstoff verkaufen zu können.

Wenn fruchtbarer Ackerboden dazu genutzt wird, Biokraftstoffe anzubauen, kann dort keine Nahrung angebaut werden. In der Folge werden Nahrungsmittel knapp und die Preise steigen.

Eine Lösung für nachhaltige Mobilität stellen Kraftstoffe aus Biomasse also nicht dar. Mittlerweile gibt es Forschungen zu neuen und wirkungsvolleren Formen von Biokraftstoffen: Aus Algen und Bakterien können Diesel und Benzin hergestellt werden. Ihre Herstellung braucht viel weniger Ressourcen und Fläche, doch noch ist ungewiss, ob mithilfe dieser Technologien so große Kraftstoffmengen gewonnen werden können, dass sie unseren heutigen Energiebedarf decken können.

Eine andere Möglichkeit bestünde darin, den Verbrennungsmotor als Konzept ganz hinter sich zu lassen und zumindest auf der Straße auf Elektromobilität zu setzen.

DIE ZUKUNFT DER AUTOMOBILITÄT
TECHNISCHE INNOVATIONEN – UND DARÜBERHINAUS GEDACHT

Das Elektroauto surrt leise durch die Stadt und hat keinen Auspuff, der Schadstoffe in die Luft bläst. Angesichts der durch den motorisierten Verkehr verursachten Umweltbelastungen scheint das Elektroauto heute die nachhaltigere Alternative zum Wagen mit Verbrennungsmotor zu sein. Was ist da tatsächlich dran?

Vor allem hinsichtlich der Klimabilanz versprechen Elektroautos besser zu sein als ihre kraftstoffgetriebenen Konkurrenten. Aus diesem Grund haben beispielsweise die Bunderegierungen von Deutschland und Österreich Gesetze erlassen, um den Kauf von Elektroautos durch Kaufprämien oder Steuervergünstigungen zu fördern.

Elektroautos tragen zu einer Reduktion des CO_2-Ausstoßes bei, weil sie einen höheren Wirkungsgrad haben als Benzinautos. Das bedeutet, dass das Verhältnis zwischen aufgenommener Energie (elektrischer Strom) und abgegebener Leistung (Bewegungsenergie) besonders günstig ist. Für die Ökobilanz spielen aber auch die Herstellung des Fahrzeugs sowie die Energieerzeugung eine Rolle. Anstelle eines Benzintanks hat das Elektroauto eine Batterie. Um eine Kilowattstunde Batteriekapazität herzustellen, braucht es nicht nur sehr viel Energie, sondern es kommen auch giftige Chemikalien und knappe Rohstoffe wie Lithium und seltene Erden zum Einsatz. Entscheidend für die Klimabilanz der Elektroautos ist, wo der Strom im »Tank« herkommt: Bereits jetzt, da der Strom aus einem Mix aus herkömmlichen

MOBILITÄT

und regenerativen Energien hergestellt wird, ist der CO_2-Ausstoß eines Elektroautos während der Fahrt fast um die Hälfte niedriger als bei einem Verbrennungsmotor. Mit dem Ausbau regenerativer Energien wird das Ergebnis noch besser werden. Eine Alternative zum Auto, das über die Steckdose aufgeladen wird, ist der sogenannte Hybridantrieb, eine Kombination aus Benzin- und Elektromotor. Dieser Motor braucht nur Benzin bei höheren Geschwindigkeiten und lädt dann gleichzeitig die internen Batterien auf, sodass das Auto bei niedrigen Geschwindigkeiten ganz ohne Treibstoff fährt.

Der gewünschte positive Effekt für das Klima wird aber wohl nur erreicht, wenn Autos ganz auf Öl verzichten und stattdessen sauberen Strom »tanken«. Energiewende und Mobilitätswende sind dabei eng aneinandergekoppelt: Das Elektroauto kann als Speicher für Schwankungen im Stromnetz genutzt werden.

Je mehr Strom aus regenerativen Energien in das Netz gespeist wird, umso wichtiger wird es, Speicher einzusetzen, die für eine ausgeglichene Netzbelastung sorgen. Wenn Elektroautos vorzugsweise dann Strom tanken, wenn überschüssiger Strom verfügbar ist, z. B. nachts, so wäre der Strom nicht nur günstig, sondern auch das Netz bliebe stabil. Verbraucherinnen und Verbraucher können außerdem eine eigene Fotovoltaikanlage auf ihrem Dach installieren, um ihr Auto kostengünstig aufzuladen. Andersherum könnte ungenutzte Energie aus dem Elektroauto wieder an das Netz zurückgeben werden, wenn diese benötigt wird.

Dabei ist der Elektromotor keine neuartige Erfindung. Die allerersten Personenkraftwagen wurden von Elektromotoren angetrieben. Elektroautos hatten schon damals viele Vorteile: Sie waren schnell, wendig und zuverlässig. Wenn wir heute Zeitzeugen um die Jahrhundertwende fragen könnten, so würden sie uns vermutlich antworten, dass dem Elektroauto die Zukunft gehöre.

Bei Autorennen erreichten Elektroautos zeitweise bessere Ergebnisse als Autos mit Benzinmotor. Ab etwa 1910 lag jedoch das Benzinauto in der Gunst der Käufer weiter vorne. Ein Grund dafür liegt in der geringeren Reichweite des Elektroautos. Auch heute noch müssen die Batterien von Elektroautos durchschnittlich nach 200 km wieder aufgeladen werden. Eine Tankfüllung reicht dagegen mindestens für die dreifache Strecke. Allerdings brachte die wachsende Beliebtheit von Autos mit Verbrennungsmotor das Elektroauto nicht ganz zum Verschwinden. Während das Benzinauto vor allem bei Überlandfahrten und für den Lastentransport zum Einsatz kam, blieb das Elektroauto bis in die 1920er-Jahre im Einsatz als Postauto, Taxi oder städtisches Nutzfahrzeug. Insbesondere in den urbaneren Ballungszentren wurde das geruchlose und leise Elektroauto sehr geschätzt. Es gibt viele Meinungen darüber, warum sich letztendlich der Verbrennungsmotor für Kraftfahrzeuge durchgesetzt hat. Sicher ist, dass nicht ausschließlich technische Gründe ausschlaggebend waren, denn im städtischen Raum spielte die geringere Reichweite der Batterie keine große Rolle. Vielmehr zeigt der Siegeszug des Verbrennungsmotors, dass kulturelle Faktoren den Prozess beeinflusst haben. Nicht nur die Technik war hier entscheidend, sondern die Vision von einem Auto, das als »Rennreiselimousine« den Menschen die Möglichkeit gab, weite Strecken übers Land zu fahren und Lasten zu transportieren – auch wenn diese Möglichkeit im Alltag eher selten genutzt wurde und wird. Heute fahren Autofahrerinnen und Autofahrer im Durchschnitt 30 bis 40 Kilometer pro Tag bei einer Geschwindigkeit von 50 km/h.

Ob sich das Elektroauto diesmal durchsetzen wird, hängt von verschiedenen Faktoren ab. Die erfolgreiche Einführung des Elektroautos profitiert von der Energiewende und trägt zugleich zu deren Gelingen bei. Auf technischer Ebene wäre allerdings eine Verbesserung der Leistungsfähigkeit der Akkumulatoren wichtig. Daran wird gerade sehr viel geforscht, doch auch mit besseren Batterien ist es unwahrscheinlich, dass Elektroautos in den nächsten Jahren so weit fahren können wie Autos mit Verbrennungsmotor. Viel wichtiger als die Optimierung der technischen Leistungsfähigkeit scheint aber die Frage, wofür und wie wir Autos tatsächlich nutzen. Wie häufig legen wir damit Strecken von 200 km zurück und wie oft brauchen wir das Auto für Fahrten in einem kleinen Radius, um beispielsweise zur Arbeit, zum Einkaufen und wieder nach Hause zu fahren? Hemmend auf die Verbreitung des Elektroautos wirkt sich außerdem der derzeit wesentlich teurere Verkaufspreis im Vergleich zum Auto mit Verbrennungsmotor aus.

Dabei drängt sich auch die Frage auf, ob wir wirklich alle ein eigenes Auto brauchen? Die Autodichte hat in Städten längst deren Aufnahmekapazität überschritten. In Deutschland kommen auf 1 000 Einwohner 672 Fahrzeuge. Durchschnittlich steht ein Pkw 23 Stunden am Tag. Etwa 80 % der Stellflächen für Autos befinden sich im öffentlichen Raum. Das ist kostbarer Raum, auf dem man stattdessen Radwege oder Grünflächen anlegen könnte. Zahlreiche Städte haben deshalb bereits sogenannte »Car-Sharing«-Systeme eingeführt. Wenn eine Person ein Auto braucht, leiht sie dieses einfach z. B. mithilfe einer App aus. Solange die Leihautos auf die nächste Fahrt warten, laden sich die Batte-

rien auf. Zur Reduzierung der Autodichte würden auch Fahrge-
meinschaften beitragen, deren Organisation im Zeitalter sozia-
ler Netzwerke viel einfacher ist. Zudem müsste der öffentliche
Nahverkehr ausgebaut werden, sodass es gerade für Menschen
am Stadtrand oder auf dem Land leichter wäre, das Auto stehen
zu lassen. Weniger Autos bedeuten nicht nur weniger Lärm und
Feinstaubpartikel, sondern auch eine Reduzierung des Unfallri-
sikos. Das würde auch das Radfahren sicherer und attraktiver
machen. Dort, wo jetzt Autos parken, könnten Radschnellwege
gebaut werden. Anstelle von Autos könnten vermehrt E-Bikes
zum Einsatz kommen.

Bei der Zukunft der (Auto-)Mobilität geht es also nicht nur
um neue technische Innovationen, sondern um neue Mobilitätskonzepte. Zur Debatte steht dabei u. a., ob Autos weiterhin
vorwiegend individuelle Konsumgüter oder gemeinschaftlich
genutzte Fahrzeuge sein sollen. Neue Mobilitätskonzepte gehen
auch einher mit städtebaulichen und verkehrspolitischen Veränderungen. Es besteht eine große Chance darin, anstelle eines
automobilzentrierten Verkehrssystems zukünftig die Bedürfnisse verschiedener Verkehrsteilnehmerinnen und -teilnehmer
stärker zu berücksichtigen.

FREIE FAHRT FÜR ALLE!
BARRIEREFREI MOBIL SEIN

Interview mit
Andi Weiland,
Sozialhelden e. V.

*Was bedeutet es, barrierefrei
mobil zu sein?*

Uneingeschränkt mobil zu sein
betrifft zum einen die Fragestellung, wie und ob ich mein
Ziel erreichen kann. Für Menschen mit eingeschränkter
Mobilität ist es z. B. wichtig, ob sie an der S-Bahn-Station
einen Aufzug vorfinden oder ob Niederflurbusse eingesetzt werden. Zum Zweiten betrifft das die Frage, was mich
erwartet, wenn ich an meinem Zielort ankomme, z. B. ob
eine Person mit Rollstuhl in das Café, das sie besuchen
möchte, überhaupt hineinkommt. Die Behinderung eines
Menschen spielt ja erst dann eine Rolle, wenn dieser durch
Barrieren behindert wird.

Welche Hindernisse sind das?

Es lassen sich zwei verschiedene Formen von Barrieren
unterscheiden: Zum einen sind da die baulichen Barrieren,
wie Stufen, fehlende Rampen oder fehlende Aufzüge. Zum
anderen gibt es auch bürokratische Barrieren: Welche Unterstützung steht mir in welcher Höhe zu? Das ist – was für
Betroffene wenig nachvollziehbar ist – von Bundesland zu
Bundesland teilweise unterschiedlich. Das betrifft auch die
Frage, wie viel Geld ich eigentlich verdienen und sparen darf.
Zurzeit dürfen Menschen, die auf Assistenz angewiesen sind,
nicht mehr als 2 600 Euro auf dem Konto haben. Gleichbe-
rechtigte Teilhabe am öffentlichen Leben setzt aber voraus,
dass Menschen, wenn sie es möchten, ein Restaurant oder
Kino besuchen können, weil sie genügend Geld dafür übrig
haben – und diesen Ort selbstbestimmt aufsuchen können.

Die Politik hat auf diese Probleme mit einer Novellierung des Gleichstellungsgesetzes reagiert, betrachten Sie das als Erfolg?

Nein. Das Gleichstellungsgesetz verpflichtet nur Behörden oder staatliche Einrichtungen zur Barrierefreiheit. Aber überlegen Sie mal, wie oft Sie in der Woche eine Behörde aufsuchen und wie oft Geschäfte, Cafés oder Kinos. Es ist fatal, dass bei der Novellierung des Gleichstellungsgesetzes die Chance vertan wurde, privatwirtschaftliche Einrichtungen ebenso zu einem Umbau in Richtung Barrierefreiheit zu verpflichten.

Allerdings kostet so ein Umbau auch ganz schön viel Geld ...
In Schweden oder den USA gibt es bereits solche Verpflichtungen und bisher hat sich der Einwand nicht bestätigt, dass dabei untragbare Lasten auf Unternehmen und Geschäftsleute zukämen. Eine Aktion, die wir mit den »Sozialhelden« durchgeführt haben, belegt sogar eher, dass Gewerbebetriebe von einem Umbau profitieren können: Wir haben an 400 Ladenbesitzerinnen und -besitzer oder Cafébetreiberinnen und -betreiber Rampen vergeben. Einige haben wir mittlerweile zurückerhalten, weil die Betreiberinnen und Betreiber der Geschäfte von den Vorzügen so überzeugt waren, dass sie selbst barrierefrei umgebaut haben. Man darf nicht ver-

gessen, dass es sich gerade bei rollstuhlgerechten Zugängen nicht um etwas handelt, das nur eine ganz kleine gesellschaftliche Gruppe betrifft. Jeder Mensch ist in seinem Leben irgendwann einmal von eingeschränkter Mobilität betroffen: sowohl Kinder, die im Kinderwagen sitzen, als auch alte Menschen. Jede Investition, die zum Abbau von Barrieren getätigt wird, bedeutet eine Hilfe für alle.

Besteht nicht auch ein großes Problem darin, dass die meisten Menschen Barrieren einfach nicht erkennen?
Ganz genau. Menschen mit Behinderung werden oft mit Transporten von zu Hause abgeholt und zur Schule oder zur Arbeit gebracht. Dadurch werden sie in unserem Mobilitätsalltag unsichtbar. Inklusion bedeutet aber nicht, exklusive Lösungen für Menschen mit Behinderung zu schaffen, sondern dass diese die Möglichkeit haben, wie alle anderen auch, am öffentlichen Leben teilzuhaben, indem sie z. B. mit dem Bus ins Kino fahren. Um daran etwas zu ändern, haben wir die »Wheelmap« entwickelt.

Was genau ist »Wheelmap«?
www.wheelmap.org ist eine Onlinekarte, auf der rollstuhlgerechte Orte markiert sind. Die App verwendet Karten der »Open Street Map« und basiert auf dem Prinzip des Crowdsourcing. Das bedeutet, jeder kann, ohne sich anmelden zu müssen, Orte auf der Karte markieren und diese nach einem Ampelsystem bewerten: Grün für einen Ort, der sowohl für Rollstuhlfahrer zugänglich ist als auch eine rollstuhlgerechte Toilette hat. Gelb für Orte, die eingeschränkt zugänglich oder nutzbar sind, z. B. aufgrund fehlender rollstuhlgerechter Toilette, und schließlich Rot für Orte, die nicht zugänglich sind. Mittlerweile verfügt die Karte über 650 000 markierte Orte in 22 Sprachen, und jeden Tag kommen ca. 300 weitere hinzu. Die Wheelmap soll dabei nicht nur eine praktische Hilfe im Alltag sein, sondern auch Ladenbesitze-

rinnen und -besitzer oder Cafébetreiberinnen und -betreiber darauf aufmerksam machen, dass die Stufe an ihrem Eingang überhaupt ein Problem darstellt.

Was sollte getan werden, damit Gebäude gleich so geplant und gebaut werden, damit sie allen Menschen zugänglich sind?

Zunächst braucht es ein breites gesellschaftliches Bewusstsein darüber, dass bauliche Barrieren überhaupt etwas Störendes sind. Daraus würde dann politisches Handeln resultieren. Dabei müssten Subventionen ebenso eine Rolle spielen wie Sanktionen. Der Staat sollte den Bau einer Rampe vor einem Lokal finanziell fördern und gleichzeitig bestimmen, dass das Gebäude erst eröffnet werden darf, wenn es bestimmte Voraussetzungen an Barrierefreiheit erfüllt. Der häufig genannte Einwand des »Kostenfaktors« beim barrierefreien Bauen fällt kaum ins Gewicht, wenn dieser von Anfang an in den Planungsprozess miteinbezogen wird. Wirklich teuer wird es erst, wenn nachträglich bauliche Veränderungen vorgenommen werden. Die Berücksichtigung der Barrierefreiheit im Planungsprozess setzt allerdings voraus, dass die Architektinnen und Architekten entsprechend ausgebildet sind. Bisher gehört aber die Planung barrierefreier Gebäude nicht zum festen Bestandteil des Architekturstudiums. Wenn Barrieren übersehen werden, geschieht das ja nicht aus Bösartigkeit, sondern einfach aus Unwissenheit. Sinnvoll wäre es zum Beispiel, wenn Rollstuhlfahrerinnen und -fahrer einfach beim Planungsprozess mitreden würden, so ließen sich nachhaltige Lösungen schaffen.

Andi Weiland engagiert sich bei »Sozialhelden e. V.«. Der Verein hat es sich zum Ziel gesetzt, auf diese und andere gesellschaftliche Probleme aufmerksam zu machen, und entwickelt ganz konkrete Lösungsansätze, z. B. um Rollstuhlfahrerinnen und -fahrern den Zugang zu Gebäuden zu erleichtern. www.sozialhelden.de

MOBILITÄT

DINGE AUF REISEN
BEDEUTUNG UND FOLGEN DES GLOBALEN GÜTERVERKEHRS

Nicht nur Menschen, sondern auch Dinge sind mobil. Die Tatsache, dass mit Eisenbahn, Lastwagen, Flugzeug oder Schiff weit entfernte Ziele schnell erreicht werden können, ist eine der wichtigsten Voraussetzungen eines globalisierten und arbeitsteilig organisierten Wirtschaftssystems.

Wenn wir ein Produkt im Supermarkt kaufen, dann hat zumindest ein Teil der Materialien, die in dem Produkt stecken, oft schon eine Reise um die halbe Welt hinter sich. Z. B. müssen Rohstoffe dorthin transportiert werden, wo sie weiterverarbeitet werden. Die Verpackung für das Produkt wird vielleicht an einem anderen Ort hergestellt als das Produkt selbst, und schließlich treffen sich beide an einem dritten Ort, von dem aus die Ware dann in Supermärkte transportiert wird. Wenn eine Firma ein Produkt in großen Mengen herstellt und in der ganzen Welt verkauft, erzielt sie höhere Gewinne. Produktionskosten kann die Firma einsparen, wenn sie einen Teil der Produktion in Ländern mit niedrigem Lohnniveau ausführen lässt. Obwohl die Firma dann das fertige Produkt über weite Strecken zu den Abnehmern transportieren muss, ist das immer noch günstiger als die Produktion vor Ort, denn Treibstoff kostet weniger als menschliche Arbeitskraft.

Der Güterverkehr ist in den letzten 20 Jahren um mehr als die Hälfte gewachsen. Rund 30 % des Güterverkehrs spielen sich im Nah- und Regionalverkehr ab. Die anderen 70 % entfallen auf den Fernverkehr – und dieser Anteil steigt.

Der Gütertransport braucht Energie, verursacht Lärm und Schadstoffe. Etwa 30 % der klimaschädlichen CO_2-Emmissionen werden durch den Gütertransport verursacht.

Doch ohne Güterverkehr wäre unser Leben nicht so, wie wir es kennen. Erst seit der Erfindung der Dampfschifffahrt und der Eisenbahn Mitte des 19. Jahrhunderts war es möglich, dass ein Teil der Bevölkerung nicht mehr in unmittelbarer Nähe zu Anbauflächen von Nahrungsmitteln leben musste. So konnten die ersten urbanen Zentren entstehen.

Allerdings spielen der Schienenverkehr und die Binnenschifffahrt heute nur noch eine untergeordnete Rolle. Drei Viertel aller Güter werden in Deutschland über die Straße transportiert, Tendenz steigend. Immer wichtiger werden die länderübergreifenden Transportwege. So werden mehr Güter per Luftfracht und über den Seeweg transportiert. In großen Containerschiffen werden Rohstoffe, Getreide oder Konsumgüter über die Meere transportiert. Am Hafen werden die Container direkt auf Lkws verladen, die die Waren an ihr nächstes Ziel fahren. In einen Container passen so viele Güter, dass die Transportkosten bei der Berechnung des Preises für die einzelne Ware kaum ins Gewicht fallen.

Damit wächst aber gerade der Anteil der Verkehrsmittel beim Gütertransport, die besonders viel klimaschädliches CO_2 ausstoßen. Um Staus zu verringern, müssen außerdem Autobahnen ausgebaut werden – und das hat gravierende Einschnitte in den natürlichen Lebensraum von Tieren zur Folge. Zusätzlich gab es in den vergangenen Jahren einige Unfälle in der Containerschifffahrt im Zusammenhang mit Öltankern mit verheerenden Folgen für die Umwelt.

Durch Steuern und Mautgebühren versuchen Politiker, die Güter weg von der Straße und auf die Schienen zu verlagern – bisher mit mäßigem Erfolg. Insbesondere für den internationalen Güterverkehr ist der Transport mit der Eisenbahn aufgrund

unterschiedlicher technischer Systeme und rechtlicher Regularien zu kompliziert.

Die umweltschädigenden Folgen lassen sich aber auch durch technische Verbesserungen reduzieren: Abgasärmere Motoren, leichtere Karosserien – wenn die Fahrzeuge effizienter werden, sinken auch Energieverbrauch und Schadstoffausstoß. Außerdem basiert der Güterverkehr heute noch zu 97 % auf Öl als Kraftstoff. Mit alternativen Kraftstoffen und neuen Antriebstechnologien könnte der Güterverkehr nachhaltiger werden. Doch all diese Verbesserungen auf der technischen Seite würden geschluckt werden durch die Wachstumsraten des Güterverkehrs. Experten schätzen, dass die weltweite Gütertransportleistung in den nächsten zehn Jahren um weitere 50 % wachsen wird.

Um den Güterverkehr nachhaltiger zu gestalten, muss z. B. die Kapazitätsauslastung der Transportfahrzeuge verbessert werden, indem beispielsweise Leerfahrten vermieden werden. Der Trend weist dagegen in eine andere Richtung: Immer mehr Güter werden im Online-Versandhandel gekauft. Dabei werden 30 bis 40 % der bestellten Waren wieder zurückgeschickt.

 Als Gebrauchsgegenstand schließlich beim Endverbraucher angekommen, ist die Reise der Dinge noch nicht vorbei. In Form von Müll reisen manche Reststoffe noch weiter um die Welt.

Die Länge des gesamten Transportwegs der Dinge, vom Rohstoff bis zur Entsorgung, ist für uns im Alltag kaum nachvollziehbar. Aber wir können beim Einkaufen auf regionale Produkte achten und ein Buch im Buchladen um die Ecke kaufen. Auf diese Weise können wir dazu beitragen, Transportwege zu reduzieren.

FERNREISE ODER NAHERHOLUNGSGEBIET?
BOOMENDE TOURISMUSBRANCHE UND DAS THEMA NACHHALTIGKEIT

Interview mit Dr. Christine Plüss, Arbeitskreis Tourismus & Entwicklung

Reisen, vor allem in ferne Länder, sind ein breites soziales Phänomen geworden. Nach Aussagen der Welttourismusorganisation haben im Jahr 2015 1,18 Milliarden Touristen eine Auslandsreise angetreten. Damit stieg auch die Anzahl der Flugreisen. In den vergangenen 20 Jahren hat sich die Anzahl der Passagierflüge verdoppelt. 3,3 Milliarden Passagiere wurden im Jahr 2014 weltweit befördert. Die daraus resultierenden Emissionen sind, ebenso wie der Bau und Ausbau von Flughäfen, schlecht für die Umwelt. Das sind aber nicht die einzigen Folgen, die das Wachstum des Tourismus mit sich bringt, oder?

Es ist schon richtig, den Flugverkehr an erster Stelle zu nennen, da dieser den größten Schadstoffausstoß verursacht. Um die auf der Klimakonferenz in Paris vereinbarten Ziele zur Reduzierung der Erderwärmung einzuhalten, muss der Flugverkehr reduziert werden, und dabei spielt der Tourismus eine zentrale Rolle. Mit dem massiven Wachstum des Tourismus nimmt der Druck auf alle globalen Ressourcen zu – sei es Land, Wasser, oder Öl –, ebenso steigen Müll- und Abwasserverschmutzung. Das bedeutet natürlich einen massiven Druck auf die Lebensgrundlagen unserer Gastgeber.

Welche Gründe sehen Sie für diese Entwicklung?

Mit einer Wachstumsrate von 4,4 % verzeichnet die Touris-

MOBILITÄT

musbranche ein überdurchschnittliches Wachstum gegenüber anderen Wirtschaftszweigen. Was dabei oft übersehen wird, ist, dass dieses Wachstum nicht zuletzt in der massiven Förderung und Unterstützung dieser Branche seitens der Politik begründet liegt. Dazu zählen die Steuervergünstigungen für den Flugverkehr, Kerosin wird z. B. nicht besteuert. Auch die Flughäfen werden auf Staatskosten bereitgestellt. Jegliche Infrastruktur, die der Tourismus benötigt, von Wasserzufuhr bis Elektrizität, wird von den Gastländern bereitgestellt. Zahlreiche Länder bieten den Tourismusinvestoren Steuervergünstigungen oder freie Gewinnrückführung in die Heimatländer an.

Ein weiterer Grund für das Wachstum dieser Branche sind natürlich unsere Reisegewohnheiten: Schnell mal übers Wochenende irgendwohin fliegen ist für viele zur Normalität geworden. Auch immer mehr Menschen in Schwellenländern wie China, Indien oder Brasilien können es sich leisten, weite Reisen zu unternehmen.

Aber der Tourismus ist doch auch ein wichtiger Wirtschaftsfaktor, gerade für ärmere Länder, die ansonsten wenig Industrie haben ...

Tourismus bedeutet nicht automatisch Wohlstand für alle Einheimischen in den Gastländern. Es ist keine faire Entwicklung, wenn nur einige wenige im Gastland vom Tourismus profitieren. Kleine Dorfgemeinschaften in der Nähe von Tourismusanlagen haben häufig das Nachsehen. Ihnen fehlt die Ausbildung, um in der Tourismusindustrie qualifizierte Jobs zu erhalten. Gleichzeitig werden Lebenshaltungskosten teurer oder Wasser und Böden knapp. Benachteiligte Bevölkerungsgruppen wie z. B. indigene Völker haben unter dem Tourismus eher zu leiden, als dass sie davon profitieren.

Große Tourismusunternehmen werben heute gezielt mit Umweltschutz und Nachhaltigkeit. Was steckt wirklich dahinter?

Es gibt eine stei-
gende Nachfrage nach
»grünen« Angeboten,
doch oft sind die Maß-
nahmen der Anbieter eher
kosmetisch statt grundlegend
nachhaltig. Viele Tourismusunternehmen engagieren sich zwar
im Bereich Umweltschutz, aber nicht in Bezug auf soziale
Maßnahmen wie z. B. faire Arbeitsbedingungen.
Und auch wenn einiges dafür getan wird, Tourismus nachhaltiger zu gestalten – das rasante Wachstum dieser Branche
riskiert, diese Verbesserungen ständig wieder aufzufressen.
Die Tourismusbranche muss sich die Frage stellen, wie viel
Wachstum überhaupt noch verträglich ist. Wenn Urlaubs-
flüge das Erdklima so stark belasten, dass der Meeresspiegel ansteigt, werden nicht nur schöne
Urlausregionen zerstört, sondern
vor allem auch der Lebens-

raum von Menschen, die noch nie in ihrem Leben geflogen sind. Hier muss sich der Tourismus grundsätzlich ändern, um zu den globalen Zielen der nachhaltigen Entwicklung beizutragen.

Worauf kommt es an, damit Tourismus sozial und ökologisch verantwortlich ist?

Grundsätzlich ist es wichtig, die lokale Bevölkerung in den Urlaubsgebieten in vollem Umfang mit einzubeziehen, denn sie muss diese Entwicklungen auch tragen. Im sozialen Bereich müssen vor allem die Arbeitsbedingungen verbessert werden. Anstellungsverhältnisse entsprechen oftmals nicht den internationalen Standards. Der Tourismus soll auch die lokale Wirtschaft stärker einbinden, indem sich Hotels z. B. von lokalen Bauernhöfen beliefern lassen oder mit lokalen Handwerksbetrieben zusammenarbeiten. Und schließlich muss auf den Schutz der natürlichen Ressourcen geachtet werden.

Was bedeutet das für mein Reiseverhalten – Bodensee statt Gran Canaria?

Wenn wir die Ziele der internationalen Agenda 2030 für nachhaltige Entwicklung erreichen wollen, müssen wir unser Reiseverhalten ändern. Das bedeutet Reisen mit erdgebundenen Transportmitteln und vermehrte Nutzung von Naherholungsgebieten. Ich bin überhaupt nicht reisefeindlich, kritisiere aber, dass Fernreisen zu einem selbstverständlichen Konsumgut geworden sind, das mehrmals im Jahr in Anspruch genommen wird. Das ist nicht nachhaltig. Fernreisen sollten wir als kostbares und seltenes Gut ansehen. Wenn wir alle paar Jahre eine solche Reise unternehmen würden, wäre es auch wichtig, länger am Stück unterwegs zu sein und authentische Erlebnisse am Urlaubsort zu suchen.

Worauf sollte ich beim Reisen achten?

Es lassen sich schwer generelle Ratschläge erteilen. Das Wichtigste ist, sich vorab umfassend zu informieren. Das fängt bei der Reisebuchung an. Wenn Reisende beim Anbieter genauer nachfragen, wie umwelt- und sozialverantwortlich ein Angebot ist, wächst der Druck auf die Unternehmen, etwas zu ändern. Im Internet kann man viele Tipps und Informationen finden, worauf man im jeweiligen Reiseland achten sollte. Ein weiterer Ratschlag, der überall Gültigkeit besitzt, ist ein respektvoller Umgang mit den lokalen Gemeinschaften im Gastgeberland. Weiter gilt, dass man gerade in südlichen Ländern immer sparsam mit Wasser umgehen sollte. Da es jedoch sehr viel mehr gibt, was man beachten sollte, ist eine gute Reisevorbereitung wichtig. Die Reise steht und fällt mit der Vorbereitung. Wir haben heute so viele Möglichkeiten, uns übers Internet oder Bücher bereits bei uns zu Hause mit der Kultur des Gastlandes ein wenig vertraut machen. Wir können z. B. ein paar Vokabeln aus der Sprache lernen oder Literatur und Filme von Autoren des Landes kennenlernen. Wenn man sich vorab schon etwas einstimmt, hat man auch viel mehr von der Reise.

Dr. Christine Plüss ist Geschäftsführerin des Arbeitskreises Tourismus & Entwicklung. Der 1977 in Basel gegründete Verein setzt sich für die Rechte von Benachteiligten in touristischen Gebieten ein. Dazu tritt der Verein in kritischen Dialog mit der Reisebranche und Vertretern der Politik. Für Reisende bietet der Verein auf der Internetseite fairunterwegs.org. ein Portal an, auf dem man sich umfassend über ökologisch und sozial verträgliches Reisen informieren kann und viele konkrete Tipps für die Reise im jeweiligen Zielland erhält.

MOBILITÄT

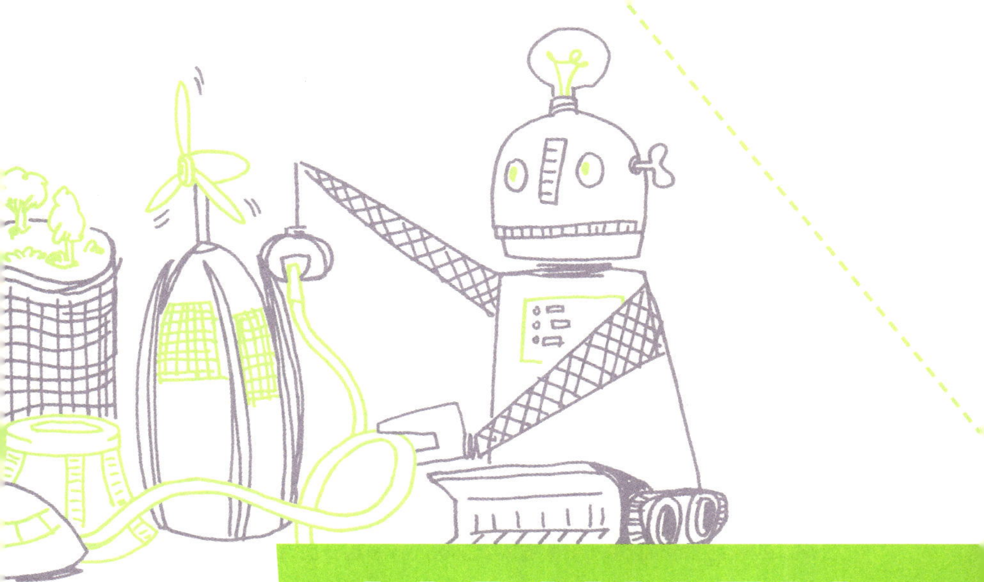

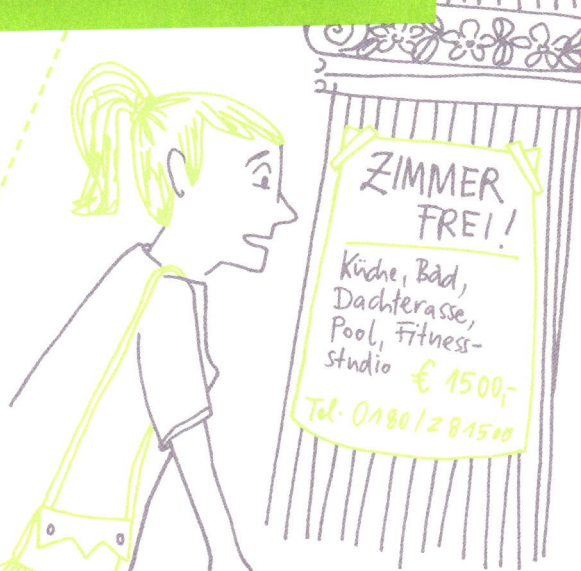

WOHNEN

Kapitel 6

> Wohnträume und ihre Folgen
> Wohnen als Grundrecht
> die intelligente Stadt
> nachhaltiges Bauen und Wohnen der Zukunft
> gemeinsam Möbel bauen

ZIMMER FREI!
Küche, Bad, Dachterasse, Pool, Fitness-studio
€ 1500,-
Tel. 0180/281500

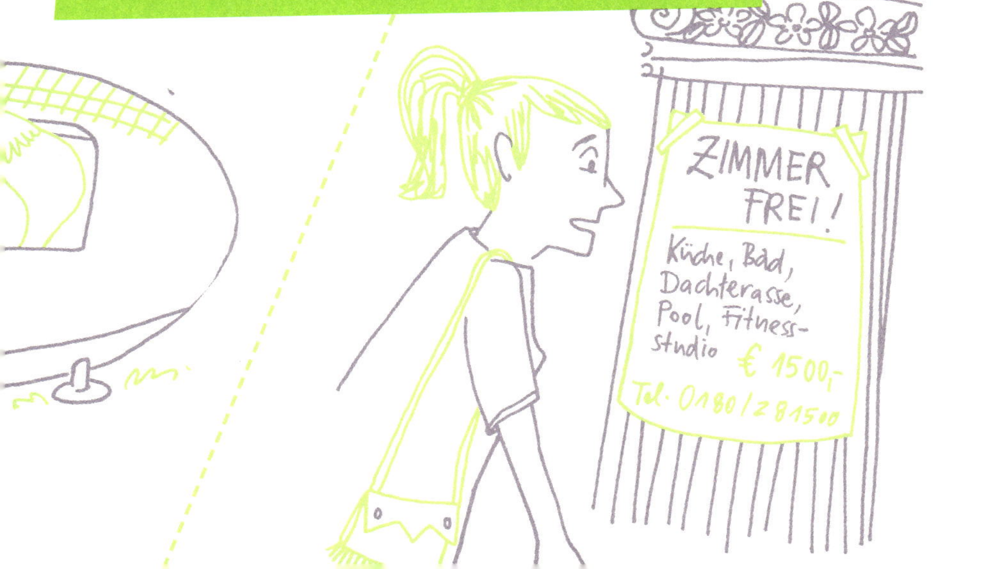

WIE WIR WOHNEN WOLLEN
UND WIE ES AUCH NACHHALTIG GEHT

Wie unsere Träume und Wünsche zum Thema Wohnen aussehen, sagt viel über unsere Überzeugungen und Vorlieben aus – egal, ob Dorf- oder Stadtmensch, Landkommunenbewohnerin oder Hochhausfreak, Einrichtungsfan oder Minimalistin. Doch obwohl unsere Behausung meist unseren Lebensmittelpunkt darstellt, machen wir uns wenig Gedanken darüber, welche weitreichenden Folgen unsere Art des Wohnens eigentlich hat.

ohnen ist ein menschliches Grundbedürfnis, dessen Erfüllung den meisten von uns heute selbstverständlich erscheint. Doch immer mehr Menschen, auch in wohlhabenden Ländern wie Deutschland, haben bereits Erfahrungen mit Wohnungsnot, schlecht sanierten Häusern, zu teuren Mieten, Verdrängung und Immobilienspekulation gemacht. Trotzdem scheinen die weltweit vielfältigen Erfahrungen von ungewollt Wohnungslosen, Menschen auf der Flucht oder Personen in instabilen Behausungen, wie Favelas oder Zeltstädten, weit weg von uns. Ein Dach über dem Kopf zu haben ist hierzulande glücklicherweise die Norm und wird jenseits von Faktoren wie Mietpreisen, Wohnlage oder Platzangebot kaum hinterfragt. Dabei verursachen wir mit unseren Wohnformen in verschiedenster Weise große Probleme – die uns oft gar nicht bewusst sind.

Während zurzeit viele Menschen in die Städte ziehen und in diesen Ballungsräumen Wohnungsnot herrscht, entstehen in immer größer werdenden »Speckgürteln« rund um diese Städte neue Siedlungen. Dagegen werden in wirtschaftlich schwachen und verlassenen Gegenden, wie z. B. im Osten Deutschlands, nicht mehr benötigte Häuser im großen Stil abgerissen. Die Fläche, die für neue Besiedlungen und die dafür ebenfalls notwendigen neuen Straßen benötigt wird, wächst seit den letzten Jahren täglich im Schnitt um ca. 150 Fußballfelder! Rund die Hälfte der zu Bauland umgewidmeten Terrains wird im Zuge des Bauvorhabens mit Beton versiegelt. Das hat wiederum einschneidende Folgen für die Umwelt: Die natürlichen Lebens- und Erholungsräume für Pflanzen, Tiere und Menschen werden kleiner bzw. durch Straßen zerschnitten und durch Lärm belastet. Der Betonboden kann kein Wasser speichern und filtern, damit verändert sich das Klima durch Überhitzung oder den Mangel an feuchter Luft. Außerdem gehen Anbaugebiete für nachwachsende Rohstoffe verloren.

Statt alte Wohnbestände zu erhalten und zu sanieren, wird immer häufiger neu gebaut, wobei die in Deutschland nach wie vor beliebten Ein- und Zweifamilienhäuser, in denen nur wenige Personen wohnen, die meisten Ressourcen verschlucken. Nicht nur verbrauchen sie viel Platz und benötigen eigene, abgeschlossene Energie- und Abwassersysteme, sondern es muss in Neubaugebieten rundherum eine komplette Infrastruktur aus neuen Straßen, Kanälen, Energienetzen etc. geschaffen werden.

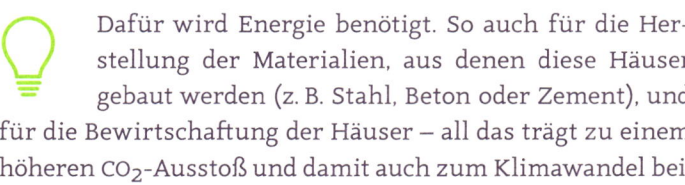

Dafür wird Energie benötigt. So auch für die Herstellung der Materialien, aus denen diese Häuser gebaut werden (z. B. Stahl, Beton oder Zement), und für die Bewirtschaftung der Häuser – all das trägt zu einem höheren CO_2-Ausstoß und damit auch zum Klimawandel bei.

Was bedeutet in diesem Szenario nachhaltiges Bauen? Bestehende Gebäude müssten erhalten statt neue gebaut werden. Weitere Neubauten und die Erschließung von Land sollten gestoppt und stattdessen vorhandene Baulücken genutzt werden, sodass klar definierte Ortszentren mit kompakter Infrastruktur ohne lange Wege für die Bewohnerinnen und Bewohner entstehen.

Beim Bauen neuer Häuser sollte nach ökologischen, ökonomischen und sozialen Kriterien vorgegangen werden: möglichst wenig Wasser und Baustoffe bzw. möglichst überwiegend nachwachsende Materialien verwenden, geringer Transportaufwand, minimaler Energiebedarf, möglichst wenig Fläche verbauen und wenig Abfall produzieren. Die Kosten für Herstellung und Betrieb des Neubaus und auch für den eventuellen Abriss bzw. Rückbau eines Hauses sollten möglichst gering sein und der Wohnraum möglichst genau alle sozialen Bedürfnisse erfüllen sowie eine gute Vernetzung von Arbeit und Freizeit ermöglichen.

 In Deutschland werden 85 % aller mineralischen Rohstoffe, die zur Verwendung kommen, für Häuser oder Straßen verbaut – und wenn die dann wieder abgerissen werden, fallen große Abfallmengen an (etwa ein Viertel des gesamten Müllaufkommens).

Die Baustoffe, die Bewirtschaftung mit Energie für Strom und Heizung sowie die Wasseranlagen haben sich als die größten Problemfelder modernen Wohnens herauskristallisiert, für die es aber bereits einige Lösungsansätze gibt. So sind Sand und Kies, die für die Herstellung von Beton und Zement benötigt werden, der am stärksten abgebaute Rohstoff der Welt – jährlich werden davon bis zu 59 Milliarden Tonnen verwendet. Das hat massive Auswirkungen auf die Umwelt, z. B. werden Tierarten verdrängt oder sterben sogar aus. Zudem steigt an einigen Orten auf der Welt durch den Sandabbau der Wasserstand (in Indonesien sind bereits einige Inseln verschwunden). Statt neuen Sand zum Bauen zu nutzen, könnte man auf recycelten Beton oder nachwachsende Baustoffe, wie Stroh oder Holz, zurückgreifen.

Was kann man an den Häusern selbst verbessern? Durch gute Wärmedämmung, auch Mehrfachverglasung von Fenstern und Türen, die man z. B. in sogenannten Niedrigenergie- oder Passivenergiehäusern findet, oder eine eigene Solaranlagen, kann der Heizbedarf drastisch reduziert werden. Auch das Heizen mit Holzpellets oder der Einbau eigener Blockheizkraftwerke im Keller sind klimaschonende Maßnahmen. Und bezüglich des Wasserkreislaufs hat es sich bewährt, nicht nur auf Regenwasser zurückzugreifen, sondern auch sogenanntes »Grauwasser« z. B. aus der Dusche – also wenig verschmutztes eigenes Abwasser – aufzubereiten und für die Gartenbewässerung, das Wäschewaschen oder die Klospülung zu verwenden.

Neben diesen großen Szenarios, die teilweise kostspielig sind, gibt es natürlich unzählige »kleine« Dinge, die jeder ganz unproblematisch in seinen Alltag einfließen lassen kann: bei der Klospülung die Stopptaste drücken, beim Zähneputzen das Wasser nicht laufen lassen, duschen statt baden, einen dicken Pulli anziehen, statt zu überheizen, in beheizten Räumen dreimal am Tag stoßlüften, statt das Fenster stundenlang gekippt zu lassen, elektronische Geräte nicht im Stand-by-Modus betreiben usw. Wer davon noch nicht genug hat, kann sich z. B. unter www.energiespartipps. de oder bei der örtlichen oder digitalen Verbraucherzentrale genauer informieren.

LUXUSGUT ODER GRUNDRECHT?
WOHNEN IN ZEITEN VON GENTRIFIZIERUNG UND ALTERNATIVEN WOHNPROJEKTEN

Wird Wohnen nach den eigenen Vorstellungen in Zukunft ein Luxusgut sein, das sich nur noch die Reichen leisten können? Viele Menschen stellen sich angesichts beunruhigender Entwicklungen auf dem Wohn- und Immobilienmarkt diese Frage. Was haben Gentrifizierung und Privatisierung damit zu tun?

Gentrifizierung oder Gentrification ist aktuell ein oft gehörtes Schlagwort für die Verdrängung ärmerer Bewohnerinnen und Bewohner durch Reichere aus einem Stadtviertel. »Erfunden« wurde das Wort schon in den 1960er-Jahren von der britischen Stadtsoziologin Ruth Glass, die beobachtete, wie immer mehr Familien aus der Mittelschicht in den Londoner Arbeiterbezirk Islington zogen. Glass zog hierbei einen Vergleich zum 18. Jahrhundert, in dem der niedere Adel (»Gentry«) vom Land in die Stadt gedrängt hatte. Diesen Vorgang sehen heute viele Kritiker am Werk: Erst ziehen Leute mit wenig Einkommen, wie Studierende oder Kreative, in einen armen, oft zentral gelegenen Bezirk mit viel Platz und billigen Mieten. Dadurch entsteht eine interessante Infrastruktur mit Kneipen, Cafés und Kunsträumen, die nach und nach auch Menschen mit mehr Geld anzieht und am Ende Investoren verlockt, Wohnraum aufzukaufen und mit dem Verkaufsargument der »attraktiven Lage« teuer an Wohlhabende weiterzuverkaufen. Die ursprünglichen Anwohner können sich »ihr« Viertel dann auf einmal nicht mehr leisten und müssen häufig in unattraktive Gegenden am Stadtrand ziehen.

Aber auch der Abbau des sozialen oder staatlichen Wohnungsbaus, bei dem mit staatlichen Mitteln Wohnraum für sozial Schwache gefördert oder komplett finanziert wird, ist ein Problem. Während es in Deutschland früher bis zu 6 Millionen Sozialwohnungen gab, sind es heute nur noch 1,4 Millionen. Dabei werden aktuell mehr als 5,5 Millionen billige Wohnungen für Einkommensschwache benötigt! Jedes Jahr verlieren rund 100 000 Wohnungen in Deutschland ihren Sozialstatus, was bedeutet, dass diese Wohnungen nicht länger von der Stadt oder dem Land gefördert werden und daher kostengünstig zu mieten sind, sondern die Eigentümer marktübliche oder höhere Preise von den Mietern verlangen dürfen. Vor allem in begehrten Wohngebieten sind die Mieten oft sehr teuer. Die Schaffung neuen Wohnraums wird häufig gleich privaten Investoren überlassen, die sich in erster Linie für ihren eigenen Gewinn interessieren und nicht für das Wohl der Allgemeinheit. Teilweise verkaufen auch die Städte selbst ihre Sozialwohnungen an private Investoren, um kurzfristig Geld in ihre oft leeren Kassen zu spülen. Damit entfällt auch hier die Förderung der Miete, höhere Mieten werden wahrscheinlich.

Doch es regt sich auch Widerstand von Menschen, die finden, dass angemessenes Wohnen kein Spekulationsgegenstand für immer höhere Profite werden darf. Zahlreiche Initiativen, die es mittlerweile weltweit gibt, wie »Zwangsräumung verhindern!«, »Wir bleiben alle!«, »Steigende Mieten stoppen!« oder der »Gentrification Blog« des bekannten Stadtforschers Andrej Holm setzen sich dafür ein, dass ärmere Menschen bezahlbaren Wohnraum finden bzw. nicht aus ihren Wohnungen verdrängt werden.

Parallel dazu erproben immer mehr Menschen Alternativen zu klassischen Miet- oder Eigentumsverhältnissen, bei denen ihnen ganz unterschiedliche Faktoren wichtig sind. Während Wohngemeinschaften, Kommunen, Hausbesetzungen oder Bauwagenplätze mittlerweile alltägliche bis nach wie vor radikale Mittel sind, außerhalb von klassischen Wohnformen möglichst günstig bzw. selbstbestimmt miteinander zu leben, versteckt sich hinter Stichworten wie Co-Living, Co-Housing oder Shared Living ein neueres Konzept, das jedoch auf den oben genannten aufbaut. Das sind kostspielige Wohnmöglichkeiten, die Zugang zu Gemeinschaftsflächen wie Küche, Bad oder Wohnzimmer haben, häufig auch zu exklusiven Freizeiträumen wie Dachterrassen, Sporträumen oder anderen. Solche Angebote richten sich häufig an Firmen oder andere zahlungskräftige Menschen. Zumindest sind sie aber nachhaltig in dem Sinne, dass durch die gemeinschaftliche Nutzung von Räumlichkeiten der Ressourcenverbrauch sinkt.

Eine ähnlich nachhaltige Idee steckt auch hinter Wohnprojekten, für die sich Leute mit ganz unterschiedlichen Bedürfnissen zusammenfinden, um nach eigenen Idealvorstellungen zusammenzuleben. Dazu gehört zum Beispiel die Wahl der Bau- oder Sanierungsmaterialien, je nachdem, ob neu gebaut oder ein bestehendes Objekt bezogen wird, aber auch die Art der Energieerzeugung und der Wasserversorgung – und natürlich auch die Gestaltung der Gemeinschaftsflächen sowie die Zusammensetzung der Bewohner. Konzepte dafür können generationenübergreifendes Wohnen sein, bei dem sich Alt und Jung gegenseitig unterstützen, ein integratives Wohnkonzept, bei dem z. B. Menschen mit besonderen körperlichen oder geistigen Herausforderungen oder solche mit Migrations- oder Fluchterfahrung mit einbezogen werden. Genauso kann es ein Ort sein, wo vor allem LGBTQI (Abkürzung steht für lesbische, schwule, bisexuelle, transgender, transsexuelle, queere und intersexuelle Menschen) zusammenwohnen.

Die meisten dieser Projekte entstehen in großen Städten, wo Wohnraum meist knapp ist, und werden von Genossenschaften oder von Menschen mit Wohneigentum umgesetzt. Das bedeutet auch, dass zukünftige Bewohnerinnen und Bewohner eine nicht unbeträchtliche Menge an Geld haben müssen, um überhaupt Teil dieser Projekte werden zu können, was oft kritisiert wird. Denn für den Kauf eines Grundstücks mit altem oder noch zu bauendem Haus muss tief in die Tasche gegriffen werden.

Aber auch die Genossenschaften, die als gemeinnützige Träger den Kauf eines Hauses ermöglichen, verlangen einen Eigenkapitalanteil von ungefähr 20 % des Errichtungspreises der in Anspruch genommenen Wohnfläche (nach dieser einmaligen Zahlung zu Beginn wird dann zur Miete mit lebenslangem Wohnrecht gewohnt). Es gibt zwar auch große Genossenschaften, in die man mit einem deutlich günstigeren Mitgliedsanteil von wenigen Hundert oder Tausend Euro eintreten kann, doch diese bieten dafür meist nur Wohnungen in »normalen« Häusern an, die nicht nach eigenen Vorstellungen gemeinschaftlich gestaltet oder gebaut werden können.

Eine Herausforderung für die Zukunft wird sein, auch Menschen mit weniger Geld das Leben in selbstständig gestalteten und verwalteten Wohnprojekten oder in attraktiven Wohnlagen zu ermöglichen.

WÄNDE, DIE SICH BEWEGEN UND IHRE FORM ÄNDERN
DIE SMARTE STADT DER ZUKUNFT

Interview mit
Nadin Heinich,
Büro plan A

Sie beschäftigen sich mit dem Bauen der Zukunft und haben im Rahmen des gleichnamigen Projekts ein Buch mit dem Titel »Digital Utopia« herausgegeben, in dem es um »dynamische Architekturen, digitale Sinnlichkeit und Räume von morgen« geht. Könnten Sie erklären, was sich dahinter verbirgt?

In der breiten Öffentlichkeit am bekanntesten ist sicher das Konzept des sogenannten »Smart Home«: also Wohngebäude, die in der Lage sind, spezifische Situationen zu erfassen und sich an ihre Bewohnerinnen und Bewohner bzw. die Umwelt anzupassen. Zuletzt wurde z. B. sehr viel über das »Apartimentum« berichtet, ein Wohnhaus, das der Xing-Gründer Lars Hinrichs in Hamburg baut und mit der neuesten Gebäudetechnik ausstattet. Es wird häufig als das »intelligenteste Haus Deutschlands« bezeichnet. Jedoch schwingt da sehr viel Marketingsprache mit. So erkennt das Haus seine Bewohnerinnen und Bewohner anhand ihres Smartphones. Wer dort wohnt, braucht keinen Schlüssel. Der Fahrstuhl kommt automatisch, die Packstation schickt eine E-Mail, wenn ein Paket eingegangen ist. Waschmaschine, Heizung und Licht funktionieren via Fernsteuerung und verbrauchen viel weniger Energie als herkömmliche Geräte. Es gibt ferngesteuerte Badewannen mit Unterwassermusik, Hightechduschen, in denen jede Düse des Duschkopfes einzeln angesteuert werden kann etc. Fragen, die dabei anklingen, sind: Braucht man das? Und wenn ja, warum? Wie sehr wollen wir uns von der Technik bestimmen lassen? Was passiert mit unseren Daten?

Viele Menschen gehen davon aus, dass nachhaltiges Wohnen ein Zurück zu alten Materialien und Formen, zu mehr »Natürlichkeit« bedeuten müsse. Inwiefern würden Sie dem widersprechen?

Man kann die Zeit nicht zurückdrehen und wieder wie vor der Digitalisierung bauen und leben wollen. Das Potenzial liegt eher darin, sich von der Natur inspirieren zu lassen, Prozesse aus der Natur zu abstrahieren und nachzuahmen. Die Prognosen der meisten Zukunftsforscherinnen und -forscher stimmen darin überein, dass die Physik durch die Biologie als Leitwissenschaft abgelöst wird. Die Life-Sciences, die Lebenswissenschaften, werden die nächste innovationstreibende Kraft.

Die Forschungsansätze, die im Rahmen von »Digital Utopia« vorgestellt werden, wirken sehr futuristisch. Was können uns atmende Textilien, Materialien, die auf Wind reagieren, Oberflächen, die Energie produzieren, oder Pflanzen, die Strom leiten, letztendlich nützen?

Architektur ist eine Branche, die sehr träge auf Neuerungen reagiert. Im Vergleich etwa zum Design ist der Maßstab viel größer, Gebäude sind viel komplexer und kostenintensiver. Daher handelt es sich bei vielen Projekten, die ich im Buch vorgestellt habe – z. B. der Forschung des Center for Information Technology and Architecture CITA in Kopenhagen zu Wänden, die sich bewegen und ihre Form ändern –, wirklich um Grundlagenforschung, deren konkrete Anwendbarkeit sich erst noch erweisen muss. Ich finde diese Experimente wichtig, weil sie eine Auseinandersetzung mit unserer Zeit und deren Möglichkeiten bedeuten. Man kann am Anfang eines Prozesses nicht immer vorhersehen, für was etwas nützlich sein wird.

Wie sieht nach Ihrer Einschätzung die intelligente Stadt der Zukunft aus, wie werden wir wohnen, uns fortbewegen, miteinander interagieren?

Das ist eine sehr große Frage. Das allgemeine Interesse an Architektur und Stadtplanung richtet sich im Moment weniger auf Potenziale der Digitalisierung, sondern – vor dem Hintergrund weltweit steigender Mieten und Immobilienpreise – darauf, wie man bezahlbaren Wohnraum für alle in unseren Städten (weiterhin) ermöglichen kann. »Smart Homes« sind aus ökonomischer Perspektive ein riesiger Wachstumsmarkt, genauso wie im großen Maßstab die »Smart Cities«, das heißt Städte mit einer möglichst umfassenden Vernetzung der öffentlichen Infrastruktur einschließlich des öffentlichen und privaten Verkehrs über Verwaltung bis hin zu Häusern und Wohnungen. Häufig vergessen wird dabei, dass, je vernetzter und »smarter« eine Stadt ist, sie umso angreifbarer wird, zentrale Strukturen umso leichter außer Kraft gesetzt werden können, etwa indem das »intelligente« Stromnetz gehackt und ein großflächiger Blackout ausgelöst wird.

Wie schaffen wir es, dabei gleichrangig ökologische, ökonomische, soziale wie kulturelle Faktoren zu berücksichtigen?

Bauen ist sehr teuer. Gerade bei Prestigeprojekten und großen Quartiersentwicklungen kommen sehr viele Interessen zusammen, spielen politische Fragen, Wahltermine, langjährige persönliche Verbindungen, das Bedürfnis nach Geld und Macht eine viel größere Rolle als »gute Architektur«. Ich persönlich finde das erschreckend, auch weil die tatsächlichen Beweggründe für wichtige Architekturprojekte oder Stadtentwicklungen der Öffentlichkeit häufig verborgen bleiben. Man wird zwar ständig mit Informationen überschüttet, aber es wird zu wenig in der Tiefe berichtet. Die Immobilienbranche funktioniert ziemlich losgelöst von der Architekturwelt. Wohnungen werden bereits ab der Planungsphase verkauft, denn bei der aktuellen Situation am Wohnungsmarkt braucht man in den Metropolen keine gute Architektur, um zu verkaufen oder zu vermieten.

Welches Architekturprojekt finden Sie am wegweisendsten?

Persönlich interessiert mich gerade die Forschung zum Bauen mit Robotern, die unter anderem von Gramazio Kohler an der ETH in Zürich betrieben wird. Im Herbst wird da ein neues Labor eröffnet, wo der größte Roboter der Welt entsteht. Es handelt sich um mehrere sensorgesteuerte Maschinen, vereint in einem Raum, in dem ganze Häuser als Prototypen gebaut werden können. Interessant finde ich weniger den rein technischen Prozess, sondern die Idee, die dahintersteht, nämlich wie sich unser Denken von Architektur und Raum ändern wird.

Nadin Heinich ist Kuratorin, Autorin, Unternehmerin und Gründerin von plan A, Büro für Architekturkommunikation. Ein inhaltlicher Schwerpunkt von plan A liegt in der Erforschung und Vermittlung von Themen rund um die Zukunft von Architektur und Stadt.

WOHNEN

VON STROHHÄUSERN UND ÖKOEIERN
WIE DAS BAUEN DER ZUKUNFT AUSSEHEN KÖNNTE

Mauern aus Stein, ein Ziegeldach obendrauf, fertig ist das Haus – genau diese traditionellen Vorstellungen von Architektur werden heute von vielen visionären Entwürfen nachhaltigen Bauens infrage gestellt.

ugegeben, eine Wohnung wählt man nicht so einfach aus wie einen neuen Pullover oder eine Packung Müsli. Bei Nahrung und Kleidung haben wir mittlerweile viele Möglichkeiten, uns bewusst für faire Produkte zu entscheiden und andere links liegen zu lassen. Wenn es um die Frage unserer Behausung geht, sind unsere Spielräume meist viel enger, da die in vielen Gebieten herrschende Wohnungsnot Zwänge schafft, die Bandbreite an vorhandenen Optionen geringer ist und die meisten nachhaltigen Alternativen mit hohen Kosten verbunden sind. Trotzdem wird das Thema Wohnen immer zentraler werden, weil mit unserem Lebensmittelpunkt und seinem immensen Ressourcenverbrauch so viele Problemstellungen verbunden sind. Auch wenn die meisten Menschen sich nicht mal eben ein Häuschen aus Stroh oder Recyclingmaterialien bauen (lassen) können, weil sie nicht die finanziellen Mittel dazu haben, ist es dennoch wichtig, Bescheid zu wissen und dadurch Druck in Richtung eines gesellschaftlichen und politischen Wandels ausüben zu können.

Wie in allen anderen Lebensbereichen gilt auch für das Wohnen, dass hier verschiedene Nachhaltigkeitsfaktoren ins Spiel kommen: der ökologische, der wirtschaftliche, der soziale und der kulturelle. Die Überlegungen, die vor einem Neu- oder Umbau abgewogen werden sollten, sind also vielfältig: Wie passt sich das Haus in die Umgebung ein? Welche nachwachsenden Ressourcen gibt es in der Region, die sich gut als Baumaterial verwenden lassen – ist es ein stark bewaldeter Landstrich, in dem sich Holz anbietet, oder eher eine wüstenartige Gegend, in der Lehm angebrachter wäre? Wie lässt sich das Haus am idealsten formen und gemäß der Sonnenbestrahlung und dem Windaufkommen ausrichten, sodass im Winter wenig Energie verloren geht und im Sommer keine Überhitzung entsteht? Wie kann beim Bau oder Umbau und beim Betrieb des Hauses sichergestellt werden, dass möglichst wenig Abfall produziert wird? Wie können eine dauerhaft ressourcenarme, wenig verschmutzende Energie- und Wasserversorgung erreicht werden? Wie passt sich das Haus in das soziale und kulturelle Gefüge der Umgebung ein und wie erfüllt es die Bedürfnisse der Bewohnerinnen und Bewohner und stört nicht diejenigen der Nachbarinnen und Nachbarn? All diese Fragen machen deutlich, dass es nicht das eine Patentrezept für ein besseres Bauen der Zukunft gibt. Das zeigen auch die vielen Beispiele für visionäre Nachhaltigkeitsarchitektur, von denen hier einige vorgestellt werden sollen. Auch diese können jeweils nur Antworten auf ganz konkrete, spezifische Fragestellungen und Bedürfnisse geben.

Auch wenn es vielleicht wie ein unrealistischer Kindertraum klingt, ist es tatsächlich kein Problem, mehrstöckige Häuser aus Lehm oder Stroh zu bauen. Das Stroh, das fast in allen Weltregionen leicht, lokal und vor allem günstig zu beschaffen ist und beim Wachsen des Getreides sogar CO_2 bindet, wird hierbei zu Ballen gepresst und entweder allein – ähnlich wie Mauersteine – aufgeschichtet oder wie bei einem Fachwerkhaus in eine Holzständerarchitektur eingepasst. Es wird mit Kalk oder Lehm verputzt und sorgt, auch dank der natürlichen Schadstofffreiheit der Baustoffe, sommers wie winters für ein perfektes, stets genügend befeuchtetes Raumklima.

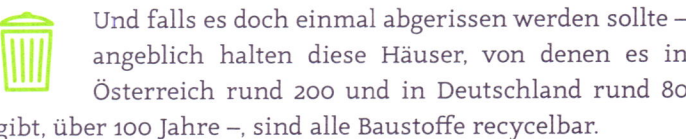 Und falls es doch einmal abgerissen werden sollte – angeblich halten diese Häuser, von denen es in Österreich rund 200 und in Deutschland rund 80 gibt, über 100 Jahre –, sind alle Baustoffe recycelbar.

Fast alles, was für Strohhäuser gilt, trifft auch auf Lehmbauten zu, die sich nicht nur in Ländern wie Indien, dem Jemen, Mali oder dem Iran finden, sondern auch in Deutschland. Im hessischen Weilburg steht sogar ein sechsstöckiges Gebäude aus speziell gepresstem, sogenanntem Stampflehm, das fast 200 Jahre alt ist! Bauten aus Lehm sind ebenfalls komplett recycelbar, kostengünstig, da Lehm fast überall verfügbar ist, und ressourcenschonend, da zur Herstellung von Lehm nicht viel Energie notwendig ist. Zudem sorgt Lehm ebenfalls für ein angenehmes Raumklima, speichert Wärme, wirkt antibakteriell, ist schadstofffrei und nicht brennbar. Allerdings ist Lehm, im Gegensatz zum Stroh, als Gemisch aus Ton und Sand keine erneuerbare Ressource.

Radikal wirkt bis heute der Ansatz des amerikanischen Ökogurus Michael Reynolds, der schon in den 1970er-Jahren unter dem Namen »Earthship« eine nachhaltige Bauweise erdacht hat, die erst 30 Jahre später richtig populär werden sollte. Die »Earthship«-Bauten bestehen komplett aus nachwachsenden oder recycelten Materialien – wie z. B. alten Autoreifen – und verfügen über eine selbstständige Wasser-, Energie- und Wärmeversorgung. Wärme wird über die komplett verglasten Südseiten gewonnen und kann über Wochen gespeichert werden, Wasser wird aus Regen gewonnen und bis zu viermal wiederverwendet, weil es in Pflanzenbeeten wiederaufbereitet wird. Mittlerweile gibt es Tausende dieser »Biohäuser aus Müll« und auch in Deutschland wird nahe Schwäbisch Hall im Jahr 2016 das erste dieser Art gebaut.

Eine pfiffige Idee hatten die »Nice Architects« aus der Slowakei, die mit ihrer »Ecocapsule« ein winziges, bewohnbares Ökoei geschaffen haben. Das ist nicht nur eine charmante Alter-

native zu unserem verschwenderischen Umgang mit Platz, sondern trägt auch den erhöhten Mobilitätsbedürfnissen Rechnung. Diese nur acht Quadratmeter große futuristische Behausung mit zwei (Auszieh-)Betten, Schreibtisch, Stauraum, Herd, Toilette und Dusche kann nicht nur wie ein Wohnwagen überallhin gebracht und aufgestellt werden, sondern sie ist auch vollständig autark: Energie wird durch Solarzellen und eine geräuscharme Windturbine gewonnen, Wasser wird auf dem Dach gesammelt und gefiltert. Die Außenhaut allerdings besteht aus dem wenig nachhaltigen Material Aluminium.

Da ist das schwimmende »Water Nest 100« des italienischen Architekten Giancarlo Zema, das auf ruhige Flüsse und Seen gesetzt werden kann, schon weiter, denn es besteht aus wiederverwendetem Aluminium und Holz und ist daher bis zu 98 % recycelbar. Allerdings kann es kein in sich abgeschlossenes Selbstversorgungssystem vorweisen, geht aber immerhin als Niedrigenergiehaus durch.

WOHNEN

In der oberösterreichischen Stadt Linz wurde 30 Minuten außerhalb des Stadtzentrums sogar eine komplette Wohnsiedlung nach den Kriterien der Nachhaltigkeit errichtet. Unter dem Namen »Solar City« entstanden zwischen 1992 und 2009 fast 1 300 Wohnungen für 3 000 bis 4 000 Personen rund um ein Ortszentrum mit Kindergärten, Schulen und Geschäften sowie großzügigen Erholungsflächen wie Badesee, Bach und Landschaftspark.

Die Wohnbauten, die möglichst gemischten sozialen Gruppen als Miet- und Eigentumsobjekte angeboten wurden, sind alle in Niedrigenergiebauweise errichtet und mit Solarenergie sowie Fernwärme ausgestattet.

Bei der Be- und Entwässerung wurden besonders innovative Konzepte umgesetzt, sodass nicht nur das Grauwasser genutzt wird, sondern auch der menschliche Urin als Dünger für die Landwirtschaft zum Einsatz kommt.

Doch nicht nur Umweltfreundlichkeit, niedrige Kosten und die soziale und kulturelle Einbettung spielen bei nachhaltiger Planung eine Rolle, sondern auch die Nutzbarkeit bzw. Veränderbarkeit. Denn nachhaltig bedeutet eben nicht, dass etwas auf die Ewigkeit angelegt ist – wie es bei den meisten klassischen Steinhäusern ja der Fall ist –, sondern dass etwas möglichst gut an sich wandelnde Bedürfnisse anpassbar ist. Deshalb gewinnt die Idee eines modularen Bauens, also einer Architektur mit veränderbaren Einzelteilen, immer mehr an Einfluss. So entwarf der chilenische Architekt Alejandro Aravena am Rande der Atacamawüste Anfang dieses Jahrtausends die Siedlung Quinta Monroy für einkommensschwache Menschen. Der Clou: Da finanziell nur wenig Wohnbauförderung zur Verfügung stand, wurden die kleinen Häuschen nur zur Hälfte fertig gebaut – den Rest konnten die Bewohnerinnen und Bewohner nach eigenem Geschmack nach und nach anfügen. Allerdings wurde Quinta Monroy von der chilenischen Ölindustrie als wohltätiges Projekt finanziert, was deswegen problematisch ist, da es den Staat aus der Aufgabe der öffentlichen Wohnbauförderung entlässt.

Ganz so neu ist diese Idee allerdings nicht, denn bereits in den 1920er-Jahren ließ der damalige Frankfurter Stadtbaurat Ernst May sogenannte »Selbsthilfehäuser« aus Holz und Lehm errichten, die die nicht so begüterten Besitzerinnen und Besitzer selbst bauen und je nach Bedarf erweitern konnten. Das modulare Haus des Portugiesen Samuel Gonçalves, das aus vorgefertigten Betonabflussröhren binnen kürzester Zeit auf- und abgebaut und nach den jeweiligen Bedürfnissen ausgestattet werden kann, präsentiert sich als eine Lösung bei akuter Wohnungsnot. Auch die modularen Ökorecyclinghäuser, die die Einwohnerinnen und Einwohner der französischen Gemeinde Tarnac gerade gemeinsam mit Geflüchteten bauen, gehen auf diese spontanen Bedürfnisse und die Wichtigkeit ständiger Veränderbarkeit ein. Dabei bieten sie mit ihrer raumgreifenden Einfamilienhäuschenstruktur jedoch keine Antwort auf den massiven Platzmangel, der in den meisten Großstädten herrscht.

Statt z. B. Geflüchtete in Ballungsräumen wie bisher menschenverachtend in riesigen Turnhallen oder (Beton-)Containern unterzubringen, könnten doch auf bestehende städtische Flachdächer umweltfreundliche Kleinbauten aus Holz aufgesetzt werden, sogenannte Wohndachkuben mit Flächen zwischen 8 und 56 Quadratmetern.

Mit diesen experimentieren gerade die Berliner Architekten »Kauschke & Partner« und hoffen damit eine Lösung anzubieten, die kostengünstig ist, einer Gettobildung entgegenwirkt – und nach 15 Jahren auch problemlos wieder abgebaut werden kann. Wobei das vermutlich gar nicht nötig wäre, denn ein modernes Ökoholzhäuschen mit Traumblick mitten in der Stadt ist an Attraktivität wohl kaum zu überbieten.

GEMEINSAM WOHNRAUM GESTALTEN
GEFLÜCHTETE IN BERLIN BAUEN
DIY-DESIGN-MÖBEL

Interview mit
Corinna Sy,
Cucula

Was verbirgt sich hinter dem Namen »Cucula«?

Viele aus unserem Team kommen aus westafrikanischen Ländern, in denen die Sprache Hausa gesprochen wird. Einmal blätterten wir durch ein Hausa-Wörterbuch und stießen auf das Wort k'ukk'ulla. Als die Jungs, die bei uns als Trainees ausgebildet werden, uns die Bedeutung des Wortes erklärten – nämlich: sich zusammentun, etwas gemeinsam machen, sich umeinander kümmern –, war klar, dass wir den Begriff nur noch etwas vereinfachen mussten und damit den richtigen Namen für uns hatten!

Wie kam der Kontakt zum italienischen Designer Enzo Mari zustande, dessen Projekt »Autoprogettazione« mit 19 Möbeln zum Selbstbauen 1974 ein Meilenstein der Designgeschichte war?

Das Projekt »Cucula« fing mit einem kleinen Do-it-yourself-Workshop für Geflüchtete an. Unser Team griff das Konzept von Mari auf, um für ihre Unterkünfte einfache, funktionale Möbel selbst bauen zu können. Daraufhin gab es eine große Nachfrage nach den Möbeln und wir baten den Designer um die Erlaubnis, die von den Geflüchteten gebauten Möbel verkaufen zu dürfen – und er sagte Ja!

Was war der Grundgedanke bei diesem Projekt?

Fast alle der Geflüchteten mussten in ihrer Heimat alles

zurücklassen und wünschen sich nun nichts mehr, als sich hier eine Zukunft aufbauen zu können. Ihre Bildungsbiografien sind sehr unterschiedlich und entsprechen meist nicht den formalen Anforderungen in Deutschland. Doch sie bringen eine große Bandbreite an Fähigkeiten und Ausbildungen mit, bei denen wir schauen möchten, wie diese Lebensläufe ein Teil unserer Gesellschaft werden können. Wir wollen Raum für Austausch geben und Wege finden, wie Neuankömmlinge Teil unserer Gesellschaft werden können – egal, woher und warum sie kommen.

Welche Rolle spielt der Nachhaltigkeitsgedanke bei Ihnen?

Das Holz ist aus nachhaltiger Waldwirtschaft. Der Nachhaltigkeitsgedanke bezieht sich bei uns jedoch mehr auf den sozialen Aspekt von »Cucula«. Es ist ein sozial nachhaltiges Konsummodell, weil wir gemeinnützig aufgestellt sind – durch den Verkauf finanzieren wir die Bildung, also die Berufsvorbereitung der Geflüchteten, und darüber hinaus auch Anwältinnen und Anwälte, Wohnungen etc. der Trainees.

Was haben Sie und die Geflüchteten bei diesem Projekt über das Wohnen gelernt?

Die Trainees haben sich selbst anhand des Gelernten für ihre Unterkünfte wunderschöne Möbel im Low-Tech-Stil gebaut. Das Konzept von Mari lässt es zu, dass die Trainees den Entwurf weiterentwickeln können. Manche der Eigenentwicklungen wie der »Botschafterstuhl«, der Kinderstuhl »Bambino« oder die Kinderbank »Bambinooo« haben es dann sogar in die Verkaufslinie geschafft!

Corinna Sy leitet gemeinsam mit Jessy Medernach und Sebastian Däschle »Cucula« (»Refugees Company for Crafts and Design«) als Non-Profit-Organisation. www.cucula.org

Kapitel 7

MIGRATION

> Geschichte von Wanderungsbewegungen
> Ursachen für Flucht und Migration
> Integration – nachhaltig
> Menschen, die als illegal gelten
> Migration – mehr als eine Ausnahme

MENSCHEN IN BEWEGUNG
EINE GESCHICHTE DER MIGRATION

Auch wenn jeder seine eigenen Gründe hat, die Heimat zu verlassen, ist allen eines gemeinsam: das Wissen, so kann ich hier nicht weiterleben – ob aufgrund von Krieg, extremer Armut und Hungersnot, Verfolgung wegen politischer bzw. religiöser Überzeugungen oder sexueller Orientierung bis hin zu Umweltkatastrophen, die Lebensräume zerstören.

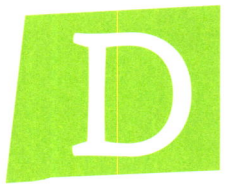

Das UN-Flüchtlingshilfswerk (UNHCR) legte zum Weltflüchtlingstag am 20. Juni im Jahr 2016 neue Zahlen vor, die alles bisher Dagewesene übertreffen. So waren nach dieser Studie bis Ende Dezember 2015 65,3 Millionen Menschen auf der Flucht. Über die Hälfte von ihnen sind Kinder. So viele Geflüchtete gab es noch nie.

Die größten Krisenregionen im Moment sind Syrien, Irak, Afghanistan, Somalia, der Südsudan, Jemen, Burundi, die Zentralafrikanische Republik oder die Ukraine. 41 Millionen der Flüchtlinge sind sogenannte Binnenflüchtlinge, also Menschen, die innerhalb ihres eigenen Landes vertrieben wurden und Schutz suchen. Weder Deutschland und Schweden noch die USA waren zum Zeitpunkt der Studie Hauptaufnahmeländer von ausländischen Geflüchteten, sondern die Türkei, die 2,5 Millionen Menschen aufgenommen hat – die meisten aus Syrien –, und der Libanon beherbergte mit seinen rund 6,2 Millionen Einwohnerinnen und Einwohnern 1,1 Millionen Geflüchtete. Dazu im Vergleich suchen 1,05 Millionen Menschen in Deutschland Schutz, bei einer Gesamtbevölkerung von knapp 82 Millionen. Nicht einmal jeder Zehnte kommt hier an. Stattdessen leben 86 % aller Geflüchteten in Ländern mit niedrigen Einkommensstandards. Sechs der zehn Hauptaufnahmeländer von Geflüchteten befinden sich überhaupt in Afrika: Äthiopien, Kenia, Uganda, die Demokratische Republik Kongo und der Tschad.

In diesem Zusammenhang ist es wichtig, zu wissen, dass weltweite Wanderungsbewegungen keine Ausnahmeerscheinungen sind und seit Jahrtausenden die Geschichte der Menschheit prägen. Auf der Suche nach fruchtbarem Ackerland verbreitete sich vor rund 100 000 Jahren der Homo sapiens von der Wiege der Menschheit in Süd- und Ostafrika über die Sinai-Halbinsel, den Nahen Osten und die Arabische Halbinsel aus in die ganze Welt. Frühe Handelszentren in Regionen wie Mittelamerika, im Niltal oder am Gelben Fluss in China zogen schon vor 5 000 bis 6 000 Jahren Zuwanderer an, die sich hier auch kulturell gegenseitig beeinflussten. Im Kontext der mächtigen Großreiche ab dem 3. Jahrtausend vor Christus, wie der frühen chinesischen Dynastien, des Altbabylonischen Reichs, des Alexanderreichs oder des Römischen Reichs gab es sowohl Migration von Arbeitsuchenden und Eliten als auch Vertreibung aufgrund von Kriegen. Doch Wanderungsbewegungen über weite Strecken, über ganze Kontinente und Weltmeere hinweg, fingen erst nach dem Mittelalter an. Nach 1500 und der »Entdeckung« Amerikas durch Kolumbus 1492 waren immer mehr Europäerinnen und Europäer auf der Suche nach wirtschaftlichem Auskommen oder Religionsfreiheit in der »Neuen Welt« und trugen damit ganz wesentlich zu einer neuen wirtschaftlichen Blüte auf beiden Seiten des Atlantiks bei. Dass dafür auch Menschen aus Afrika als Sklavinnen und Sklaven verschifft und bis zum Tode ausgebeutet und gequält wurden und dass die ursprünglichen Bewohnerinnen und Bewohner dieser nur aus europäischer Sicht »Neuen Welt« brutal unterworfen und vernichtet wurden, ist die hässliche Kehrseite dieser Geschichte.

Ab ca. 1830 drängten erneut Menschen aus Europa nach Amerika, meist aufgrund von Armut und Hungersnöten – zwischen 1840 und 1932 sollen 18 Millionen Menschen aus Großbritannien und Irland losgezogen sein. Die Hochzeit der Auswanderung fand in der ersten Hälfte des 20. Jahrhunderts statt. In dieser Zeit flohen auch unzählige europäische Jüdinnen und Juden, viele aus Ost- oder Südeuropa, vor antisemitischer Verfolgung über den Atlantik.

Nach dem Zweiten Weltkrieg, der selbst für massive Umsiedlungen und Fluchtbewegungen verantwortlich war, die auch nach seinem Ende noch anhielten (12 Millionen deutschsprachige »Ostvertriebene« kamen bis in die 1950er-Jahre in die Bundesrepublik), wurde das wiederaufgebaute Europa für Migrantinnen und Migranten attraktiv. Die neue BRD benötigte für ihren Wiederaufbau während des Wirtschaftswunders viele billige Arbeitskräfte. Ab den 1960er-Jahren kamen mithilfe der sogenannten Anwerbeabkommen zahlreiche Arbeitskräfte aus damals ökonomisch schwächeren Ländern nach Deutschland: Italien, Spanien, Griechenland, Türkei, Marokko, Südkorea, Portugal, Tunesien und Jugoslawien (ein ähnliches System existierte in der DDR mit »Vertragsarbeitern« aus sozialistischen Ländern wie z. B. Vietnam, Kuba und Mosambik). Es war währenddessen nie vorgesehen, diese sogenann-

NEUE WELT

ten Fremd- oder Gastarbeiterinnen und -arbeiter in Deutschland dauerhaft in die Gesellschaft zu integrieren. Stattdessen wurden sie, ausgestattet mit sechs- bis zwölfmonatigen Arbeitsverträgen, häufig in gettoartigen Lagern kaserniert und der Kontakt zu Einheimischen wurde so gut wie unmöglich gemacht (nicht wenige Kneipen verboten den »Gastarbeitern« ausdrücklich den Zutritt). Viele hielten es aufgrund dieser Zustände nicht einmal für die Dauer ihres Beschäftigungsverhältnisses aus, andere wiederum bissen sich durch und holten später ihre Familien nach, die mittlerweile in der dritten oder vierten Generation in Deutschland leben. Doch auch die Nachkommen der damaligen »Gastarbeiter« erleben im Alltag immer wieder Einschränkungen, aufgrund fehlender Rechte oder Rassismus und Ressentiments in der Gesellschaft.

Im Jahr 1951 legte die Genfer Flüchtlingskonvention fest, welche Personen als Flüchtlinge gelten und welche nicht. Demnach sind alle Personen als Flüchtlinge zu behandeln, denen aufgrund ihrer Rasse, Religion, Nationalität, politischen Überzeugung oder Zugehörigkeit zu einer bestimmten sozialen Gruppe Verfolgung droht. Flucht vor Krieg stellt in diesem Zusammenhang kein pauschales Kriterium dar. Die Konvention regelt auch, welche Rechte Flüchtlinge von den sogenannten Unterzeichnerstaaten erhalten sollen. Menschen, die beispielsweise aus wirtschaftlichen Gründen ihr Heimatland verlassen, vor Hunger oder Umweltkatastrophen fliehen, fallen nicht unter die heute noch geltende Genfer Flüchtlingskonvention. Die Aufnahmen dieser Migrantinnen und Migranten werden von jedem Land individuell geregelt, es gibt keine verbindlichen Richtlinien.

Während Migration die Geschichte der wohlhabenden Länder geprägt hat, gibt es heute in Europa kein einheitliches Migrationsgesetz, das legale Einwanderungswege klar definieren würde. Auch aus diesem Umstand heraus nehmen Menschen heute illegale Wege auf sich, um nach Europa zu gelangen – teilweise unter größter Lebensgefahr und dem Risiko, wieder in ihr Heimatland abgeschoben zu werden.

ÜBER DIE FREIHEIT, SICH WELTWEIT BEWEGEN ZU KÖNNEN
DIE PRIVILEGIEN DES WESTENS UND DIE EINSCHRÄNKUNGEN DER ANDEREN

Während es für die meisten von uns völlig selbstverständlich ist, uns weltweit nahezu frei bewegen zu können, ist diese Freiheit für viele Menschen aus ärmeren Teilen der Welt fast nicht vorhanden. Gleichzeitig tragen wir eine Mitverantwortung dafür, dass Menschen gezwungen sind, ihre Heimat zu verlassen.

or über 25 Jahren wurde weltweit der Fall der Berliner Mauer bejubelt. Endlich konnten sich die Menschen, die in Ostdeutschland regelrecht eingesperrt waren, frei bewegen! Anderswo wurden währenddessen immer mehr – für uns meist unsichtbare – Mauern errichtet, die die Unerwünschten von den wohlhabenden Ländern fernhalten sollen: durch Grenzzäune, drastisch verschärfte Asylregelungen oder absurd strenge Visabestimmungen. Wer das Pech hat, in einem Land geboren zu sein, in dem es kaum Arbeit, Bildung, genug zu essen oder Schutz vor Gewalt gibt und sich deswegen auf die Suche nach einem besseren Leben aufmacht, muss sich oft als Wirtschaftsflüchtling verunglimpfen, kriminalisieren oder abschieben lassen.

Dabei gab es nicht erst seit den Weltkriegen des 20. Jahrhunderts kontinuierlich Fluchtbewegungen aufgrund von Verfolgung, Krieg, Terror, Umweltkatastrophen oder schlicht und einfach aufgrund von Armut. Aktuell werden diese Wanderungsbewegungen zu internationalen »Flüchtlingskrisen« sti-

lisiert, dabei schaffen es die meisten Menschen erst gar nicht nach Europa und werden als Binnenvertriebene in Ländern wie Somalia, dem Iran oder Pakistan von uns gedanklich an Hilfsorganisationen wie das Rote Kreuz delegiert, die weit weg von uns und direkt vor Ort tätig sind.

Dabei sind die Industrienationen (Mit-)Verursacher von Armut und Flucht. Denn als in den 1970er-Jahren mit der Ölkrise die Grenzen des kapitalistischen Wachstums sichtbar wurden, suchte man nach Auswegen. Die waren schnell in der Senkung von Produktionskosten gefunden, sodass man die Arbeitsplätze möglichst in arme Länder mit niedrigen Löhnen, weniger Steuern und Umwelt- und Arbeitsschutzbedingungen verlegte. Die Integration dieser Länder in die Weltwirtschaft, von der man zunächst behauptet hatte, sie werde auch ihnen Wohlstand bringen, erwies sich als das genaue Gegenteil: Die notwendigen wirtschaftlichen Strukturreformen waren immens teuer, die vorhandenen sozialen Systeme wurden ausgehöhlt oder ganz zerstört, und heute sind die Reichen weltweit reicher und die Armen ärmer als je zuvor – 1 % der Weltbevölkerung besitzt

MIGRATION

50 % des weltweiten Vermögens, 1,2 Milliarden Menschen müssen mit weniger als 1 € pro Tag auskommen.

Zudem zerstören die Industrienationen die regionalen Ökonomien, indem sie wichtige Ackerflächen oder Gebiete mit Rohstoffvorkommen einkaufen oder sich mit Exportsubventionen einerseits und Importbeschränkungen andererseits Wettbewerbsvorteile verschaffen.

 So kommt es zu dem absurden Phänomen, dass auf vielen afrikanischen Märkten aus Europa importierte Agrarprodukte um einiges günstiger sind als die einheimischen.

Neben Armut ist die Zerstörung der Umwelt, die der Westen aufgrund exzessiver Nutzung von Rohstoffen und Schadstoffemissionen maßgeblich verursacht hat, ein Auslöser für Fluchtbewegungen. Bereits heute sind Millionen Menschen in Bangladesch infolge der Erderwärmung vom steigenden Meeresspiegel betroffen, der ihre Wohngebiete regelmäßig überflutet, die Böden versalzt und das Wasser untrinkbar macht. Insgesamt leben rund 200 Millionen Menschen in der Nähe von Küstengebieten, die von Überflutung bedroht sind, besonders in Nordafrika, im Nahen und Mittleren Osten sowie in Süd- und Südostasien. Steigen die Temperaturen weiter an, werden in heißen Ländern die Ernten weiter sinken – man geht von 25 bis 35 % Reduktion des Ernteertrags bei plus 4 °C in Afrika und Westasien aus, die Wasserknappheit wird noch größer und auch die Sterberate durch Malaria würde um 20 % steigen. Es gibt darüber hinaus für viele Regionen der Welt sehr spezifische Gründe für Flucht und Migration, die mit der westlichen Wirtschaftsdominanz zu tun haben – und deren Wurzeln oft bis in die Kolonialgeschichte zurückreichen, in der die heute mächtigen Länder einen großen Teil der Welt unterwarfen und die ansässige Bevölkerung sowie ihre Rohstoffe ausbeuteten. Dabei zerstörten sie dauerhaft gewachsene soziale und wirtschaftliche Strukturen.

OHNE MENSCHLICHE MOBILITÄT KEINE ENTWICKLUNG
WIE MIGRATION UND INTEGRATION NACHHALTIGER WERDEN KÖNNEN

Immer dann, wenn wieder einmal ein schreckliches Bootsunglück auf dem Mittelmeer passiert und Flüchtende ertrinken, wenn Menschen in improvisierten Unterkünften, die in Dreck und Schlamm versinken, ausharren müssen, wenn Fotos von toten Kindern um die Welt gehen – dann herrscht Betroffenheit und es wird nach schnellen politischen Lösungen gesucht. Aber welche Lösungen kann es im Sinne der Nachhaltigkeit geben?

Im Jahr 2000 beschlossen die Vereinten Nationen in ihrer Millenniumserklärung, sich bis 2015 weltweit gegen Armut, für Frieden und Umweltschutz einzusetzen; 2015 sprachen sie sich erneut für die Verwirklichung von 17 nachhaltigen Entwicklungszielen (Sustainable Development Goals, SDGs) bis 2030 aus, mit einer Betonung der drei Nachhaltigkeitsbereiche Wirtschaft, Soziales und Umwelt. Auch wenn mit Armutsbekämpfung, Friedenserhaltung und der Gleichberechtigung von Mädchen und Frauen zweifellos wichtige Themen im Fokus waren, fehlte der Aspekt der Migration völlig.

Tatsächlich beschäftigt sich die UN nur in speziellen Ausschüssen mit dem so brennenden Thema Migration, doch zu konkreten Beschlüssen konnten sich die Staatschefs der einflussreichen Länder bisher nicht durchringen. Auch der Punkt, dass die fehlende Möglichkeit zur legalen Einreise viele Fliehende

dazu zwingt, auf illegalem und höchst gefährlichem Weg z. B. über das Mittelmeer nach Europa zu kommen, führt nicht zu Gesetzesänderungen.

Im Gegenteil: Migration wird entweder als Problem oder als störender Ausnahmefall gesehen und kriminalisiert. Außer die westlichen Gesellschaften profitieren von den Arbeitsleistungen gut ausgebildeter Neuankömmlinge, die zudem auch noch in die Sozialsysteme einzahlen.

Doch, und das hat uns die Menschheitsgeschichte deutlich gezeigt, ohne Migration kann es keine Entwicklung geben, und auch die Bevorzugung Höchstqualifizierter gegenüber Menschen mit geringerer beruflicher Qualifikation macht weder historisch noch aktuell gesehen Sinn, denn jede Gesellschaft braucht verschiedenste Formen von Arbeitsleistungen.

Daher wäre die einzig wirklich nachhaltige Lösung, menschliche Wanderbewegungen als wichtiges Thema für die Weltgemeinschaft wahrzunehmen und gemeinsam zu gerechten, verbindlichen und transparenten Regelungen zu finden.

Während diese internationale Gesetzgebung noch Zukunftsmusik ist, gilt es, erst einmal denjenigen, die unterwegs oder bereits angekommen sind, eine langfristige Perspektive zu bieten. Wichtig ist zunächst die Frage: Was wird wie dringend von wem gebraucht? Gibt es bereits Angebote, die diese Probleme lösen können, oder müssen diese erst noch geschaffen werden?

Natürlich hilft es flüchtenden Menschen, wenn sie auf ihrem Weg kurzfristig von Helferinnen und Helfern mit dringend benötigten Dingen wie Nahrung, Kleidung, Hygieneartikeln oder Informationen versorgt werden. Darüber hinaus müssen die Angebote, die die Geflüchteten vorfinden, auf Nachhaltigkeit angelegt sein. Viele Personen, die jahrelang auf der Flucht waren und Schreckliches erlebt haben, brauchen dringend Zugang zu psychotherapeutischer Unterstützung, um sich gesundheitlich auf lange Sicht zu stabilisieren. Auch Sprachangebote, (Weiter-) Bildungsmöglichkeiten, aber auch lokale Arbeits-, Kontakt- und Freizeitmöglichkeiten gehören dazu. Die Wohn- und vor allem die rechtliche Aufenthaltssituation sollte so bald wie möglich weg vom Transitstatus mit all seinen Unsicherheiten (und oft unzumutbaren Platzverhältnissen und zermürbenden Behördengängen) in gefestigte Bahnen gelenkt werden.

Vor allem jedoch sollte die Möglichkeit zur Selbstbestimmung und Selbstorganisation der Migrantinnen und Migranten gefördert werden – ebenso die Wahrnehmung der aufnehmenden Gesellschaft, dass die neu Angekommenen nicht Opfer sind, die auf unser Wohlwollen und Mitleid angewiesen sind, sondern wertvolle Mitglieder der Gemeinschaft, von deren Erfahrungen die Alteingesessenen lernen und profitieren können.

Und dass das neue Heimatland all seine angestammten Bewohnerinnen und Bewohner bezüglich Vorurteilen und Rassismen aufklären und sensibilisieren muss, versteht sich von selbst.

Dass all das nicht nur mit ehrenamtlichem Engagement zu schaffen ist, sondern staatlich finanziert werden muss, ist eine wichtige Forderung, die immer wiederholt werden muss – ebenso wie die allerwichtigste Forderung nach einer neuen Gesetzgebung, die legale Migration erleichtert.

MIGRATION

FERN UND DOCH SO NAH
DIE HAUPTFLUCHTLÄNDER UND WIR

Syrien, Afghanistan und Irak sind die Länder, aus denen die meisten Menschen fliehen. Die Schreckensbilder von Krieg, Terror und Tod sind uns aus den Medien sehr präsent. Gleichzeitig sind wir stärker in die blutigen Auseinandersetzungen in diesen Ländern verstrickt, als wir uns das vielleicht vorstellen können.

Es gibt Länder, die aufgrund der Heftigkeit der dort ausgetragenen Konflikte im Moment ganz besonders im Blickpunkt stehen und von denen die größten Fluchtbewegungen ausgehen.

Zurzeit gilt das vor allem für das seit 2011 von einem grausamen Bürgerkrieg verwüstete Syrien. Obwohl innerstaatliche und religiöse Konflikte sowie der gescheiterte »arabische Frühling« dessen Auslöser waren, haben in der Historie des Landes auch westliche Nationen einen unrühmlichen Beitrag geleistet. Um mehr Einfluss in dem Land, das traditionell eng mit dem Iran und Russland verbunden ist, zu gewinnen, gab es nach den islamistischen Terroranschlägen vom 11. September 2001 (»9/11«) ein Zweckbündnis westlicher Regierungen mit dem syrischen Herrscher Assad zur »Bekämpfung des internationalen Terrorismus«. Daneben sollen westliche Staaten und militärische Verbündete (Türkei und sunnitische Golfstaaten) früh die radikalislamischen oppositionellen – sunnitischen – Milizen in Syrien unterstützt haben, die später zum sogenannten »Islamischen Staat« (IS) wurden, um eine Dominanz des – schiitischen – Iran in Kooperation mit dem syrischen Regime zu verhindern.

In Afghanistan, einem Land, aus dem ebenfalls viele Menschen fliehen, kämpfte in einem Stellvertreterkrieg Westen gegen

Osten – auf Kosten der leidtragenden Bevölkerung: 1979 marschierten russische Soldaten in das Land am Hindukusch ein und für die nächsten zehn Jahre übernahm

eine moskautreue Regierung die Macht. Verschiedene Guerilla-Gruppierungen, sogenannte »Mudschahedin«, kämpften 1979 bis 1989 gegen die sowjetischen Truppen im Land und wurden dabei von den USA, Pakistan und Saudi-Arabien finanziell unterstützt – von den USA und Pakistan auch mit Waffenlieferungen. Aus den »Mudschahedin« entwickelten sich schließlich die Taliban. In den 1990er-Jahren tobte nach dem Abzug der Sowjets ein Bürgerkrieg, in dem sich in der Mitte des Jahrzehnts in den meisten Regionen die islamistischen Taliban durchsetzen konnten. Als bekannt wurde, dass die Drahtzieher der 9/11-Attentate enge Verbindungen zu Afghanistan hatten, entschied sich der damalige Präsident George W. Bush Afghanistan zu bombardieren. Auch Deutschland leistete mit einem Auslandseinsatz, der vom Bundestag beschlossen, aber von zwei Dritteln aller Deutschen abgelehnt wurde, einen militärischen Beitrag in Afghanistan. Bis heute sind deutsche Soldaten vor Ort, um im Rahmen einer NATO-Mission afghanische Sicherheitskräfte zu beraten und zu unterstützen. Wer sich in jedem Fall die Hände reiben konnte, war die deutsche Rüstungsindustrie, die aufgrund der langen Dauer des Konflikts zwischen 2000 und 2014 Waffen für 359 Millionen Euro nach Afghanistan liefern konnte, für 799 Millionen ins benachbarte Pakistan und für 1,069 Milliarden nach Indien – und damit eben auch jede Menge neuen Zündstoff für militärische Auseinandersetzungen und Bedrohungen, die Menschen in die Flucht schlagen.

Ähnlich wie Afghanistan ist auch der Irak seit mehreren Jahrzehnten durch kriegerische Konflikte gezeichnet. Im Ersten

Golfkrieg von 1980 bis 1988 überfiel Saddam Hussein den seit der Islamischen Revolution 1979 als »Gottesstaat« regierten Iran. Gerade nachdem der westlich orientierte Schah im Zuge der Islamischen Revolution im Iran gestürzt worden war, wurde Saddam Hussein als Staatsoberhaupt des Irak von westlichen Regierungen als neuer Verbündeter gesehen und von etlichen Staaten weltweit, darunter auch BRD und DDR, mit Waffenlieferungen unterstützt. Beim Aufbau der Giftgasfabriken, die ihm zur grausamen Vernichtung der kurdischen Minderheit im eigenen Land dienten, waren ihm sogar deutsche Firmen behilflich gewesen. Im Zweiten Golfkrieg besetzte Saddam Hussein im Streit um ein Ölfeld 1990 Kuwait und wurde 1991 schließlich von einem Militärbündnis, bestehend aus 34 Staaten, darunter Großbritannien, Saudi-Arabien, die Türkei, Ägypten, Syrien und Frankreich, unter Führung der USA besiegt, das die monarchistische Regierung des Emirats Kuwait wieder einsetzte. Die Deutsche Bundeswehr war nicht Teil dieser Koalitionsstreitkräfte, Deutschland lieferte jedoch Rüstungsmaterial und beteiligte sich finanziell mit rund 17 Milliarden D-Mark.

2003 marschierte die US-Armee unter George W. Bush mit Unterstützung u. a. Großbritanniens – eineinhalb Jahre nach 9/11 – im Irak ein (angeblich sollte das Land Massenvernichtungswaffen gebaut haben, die aber nie gefunden wurden) und entmachtete Saddam Hussein, der daraufhin hingerichtet wurde. Dieser Einmarsch stürzte das Land wiederum in jahrelange bürgerkriegsartige Wirren, die eine Million Menschenleben kosteten. Nachdem es von 2010 bis 2014 eine offiziell unabhängige Regierung gab, droht der vom IS-Terror gebeutelte Staat jetzt in drei Teile – Kurdistan, Islamischer Staat, schiitischer Irak – mit noch weiteren Bürgerkriegsauseinandersetzungen zu zerfallen.

So haben in der Geschichte Interventionen der Weltmächte, neben innergesellschaftlichen Konflikten, zu einer anhaltenden Destabilisierung der Staatssysteme dieser Länder beigetragen, die heute wiederum Millionen Menschen zur Flucht zwingt.

>>MEHR ALS EINE AUSNAHME<<
MIGRATIONSPOLITIK IN DER KRISE

Sie finden, dass es ein Missverständnis ist, wenn wir von Migration und Flucht als Ausnahmezustand sprechen. Wie meinen Sie das?

Interview mit
Manuela Bojadžijev,
Universität Lüneburg

Historisch gesehen haben sich Menschen immer schon auf den Weg an einen anderen Ort gemacht, um ein besseres Leben zu finden. Meist geschah das nicht alleine, sondern in Gruppen und durch Netzwerke. Was sich verändert, sind die Bedingungen, unter denen diese Bewegungen passieren, und auch, wie wir sie wahrnehmen. Mit der Entstehung von Nationalstaaten kristallisierte sich nach und nach eine Vorstellung heraus, nach der Aus- und Einwanderung kontrolliert und kanalisiert werden müssten. Dazu gehört auch die Idee einer eingesessenen Bevölkerung und einer, die neu dazukommt und deren Qualitäten dann erst einmal kategorisiert und bewertet werden müssten. Hinzu kommt der Faktor Zeit – wir verwenden ja den Begriff des »Migrationshintergrunds« und bezeichnen damit Personen, die selbst gar keine Migrationserfahrung haben! Das sind Menschen, die als Ausnahme dargestellt werden und bei denen erst nach Generationen dieser Zustand der Ausnahme aufgehoben wird. Über 60 Millionen Menschen sind derzeit weltweit unterwegs, innerhalb oder über Grenzen hinweg. Das scheint mir mehr als eine Ausnahme zu sein.

Sie vertreten auch die These, dass wir es nicht mit einer Flüchtlingskrise, sondern mit einer Krise des europäischen Asylrechts zu tun haben. Wieso?

Die Migrationsbewegungen im Jahr 2015 haben gezeigt, dass

MIGRATION

die europäischen Grenzen einem Stresstest nicht standgehalten haben. Das hat auch damit zu tun, dass Europa aus einem multidiversen Grenzraum besteht, denn wer kennt schon den Unterschied zwischen den verschiedenen Visaregelungen in Bezug auf Drittstaaten, dem Raum der Europäischen Union und dem Schengen-Raum? Vor allem aber ist es ein Problem, dass es in Europa kein einheitliches Migrationsgesetz gibt, das klären würde, wer unter welchen Bedingungen legal einwandern darf. Das wirkt sich ganz direkt auf die zahllosen Versuche aus, nach Europa zu gelangen – mit allen tragischen Konsequenzen.

Inwieweit ist ein Asylrecht (bzw. die Genfer Flüchtlingskonvention) heute überhaupt noch sinnvoll, wenn es immer stärker ausgehöhlt wird und fast alle Fluchtgründe als nicht relevant für einen Asylstatus eingestuft werden?
Es stimmt, dass diese Rechte und Konventionen immer weiter ausgehöhlt wurden. Sie stammen aus einer Zeit, in der es historisch angemessen schien, Flucht von anderen Gründen der Migration zu trennen, weil humanitäre Gründe unter besonderem Schutz stehen sollten – eben auch zwischenstaatlich. Da es heute kein Migrationsgesetz gibt, kommen viele Menschen und beantragen Asyl, was sie womöglich sonst nicht tun würden. Die Tatenlosigkeit im Bereich der legalen Einwanderungsmöglichkeiten hat zu den Verwerfungen in Bezug auf die Flucht geführt, zu ihrer Diskreditierung beigetragen und die Rechte von Flüchtenden im Endeffekt massiv eingeschränkt.

Sie bemängeln, dass es keinen offiziellen Status der Migrantin bzw. des Migranten gibt. Wie könnte der aussehen?
Es gibt drei wichtige Arten der Migration: die bereits angesprochene Flucht, die Arbeitsmigration und die undokumentierte Migration (dabei geht es um Menschen, die keinen offiziellen Aufenthaltsstatus haben und als »illegal« behan-

delt werden). Arbeitsmigration ist aktuell nicht generell geregelt, sondern nur durch zahllose Abmachungen, Initiativen, Abkommen etc., die zeitlich oder je nach Arbeitssektor beschränkt sind. Undokumentierte Migration lässt sich im Ausmaß kaum ermessen, aber sie findet überall dort statt, wo legale Wege unmöglich gemacht werden, unabhängig davon, mit welcher Ursache (etwa Flucht) oder mit welchem Ziel (etwa Arbeit) die Migration stattfindet. Sollten wir eine inklusive Kategorie der Migrantin und des Migranten schaffen wollen, die eine ausländerpolitische Formatierung der Bevölkerung nach unterschiedlichen Einwanderergruppen vermeidet, dann müsste dies eine europaweite Vereinheitlichung der Aufenthaltstitel gewährleisten. Es könnte dann immer noch ein Kontingent für Aufnahme aufgrund von Flucht geben. Dabei müsste auch geklärt sein, wie, unter welchen Bedingungen und mit welcher Unterstützung Menschen einwandern könnten. Sie würden den Status als Migrantin oder Migrant dann auch relativ schnell verlieren, weil sie ja ein Teil der aufnehmenden Gemeinschaft und eben keine Ausnahme mehr wären.

Wie könnte eine nachhaltige Migrationspolitik angestrebt werden?

So, wie ich es eben schon beschrieben habe. Nachhaltig wäre Migrationspolitik, wenn sie Migration zunächst nicht als Ausnahme ansehen und die ganze diesbezügliche Politik darauf hin ausrichten würde. Es gäbe dann legale Möglichkeiten der Einwanderung und es müsste dafür gesorgt werden, dass Menschen an einem neuen Ort heimisch werden können.

Prof. Dr. Manuela Bojadžijev war an Universitäten in Berlin, Lüneburg, London und Frankfurt tätig und beschäftigt sich in ihrer Arbeit vor allem mit Migrations-, Rassismus- und Stadtforschung.

Carolin Eichenlaub / Beatrice Wallis (Hrsg.)

Neu in der Fremde

Von Menschen, die ihre Heimat verlassen

Gebunden, 208 Seiten, Beltz & Gelberg (82133)
ab 14

In rund 20 Texten erzählen Jugendliche
und Erwachsene davon, wie es ist, die
Heimat zu verlassen und anderswo neu
zu beginnen – oder jemanden dabei zu
unterstützen. Herausgekommen sind
Geschichten über Neuanfänge, Solidarität
und Perspektiven, das Leben als Gemeinschaft zu gestalten.

Meike Blatzheim / Beatrice Wallis (Hrsg.)

Jetzt tu ich was

Von der Lust, die Welt zu verändern

Broschiert, 200 Seiten, Gulliver (74489)
ab 14

Wofür setzen sich Jugendliche und junge
Erwachsene ein? Was ist ihnen wichtig?
Ob bei Greenpeace oder Amnesty Inter-
national, mit einem Freiwilligen Sozialen
Jahr oder einer selbstgegründeten Stiftung,
mit Liedern oder Lesungen – es gibt viele
Möglichkeiten, sich für eine Sache stark
zu machen und Spaß dabei zu haben.

www.beltz.de